Die Inspirierte Wahl

Chroniken der Transformation: Neue Horizonte

Band 2

Caroline Biesalski

Die Inspirierte Wahl

Chroniken der Transformation: Neue Horizonte

Caroline Biesalski

Mit einem Vorwort von Norman Gräter

Bibliografische Information der Deutschen Nationalbibliothek:
Die Deutsche Nationalbibliothek verzeichnet diese Publikation
in der Deutschen Nationalbibliografie; detaillierte
bibliografische Daten sind im Internet über http://dnb.dnb.de
abrufbar.

Verlag: BoD · Books on Demand GmbH, Überseering 33,
22297 Hamburg, bod@bod.de

Druck: Libri Plureos GmbH, Friedensallee 273, 22763 Hamburg

ISBN: 978-3-7693-5805-6

INHALTSVERZEICHNIS

„Wie gewinne ich interessante Gäste für meinen Podcast?" ist die Frage aller Fragen. Mit einer Standardnachricht wie „Hallo, ich habe deine Homepage gesehen und finde dich spannend..." kommst du nicht weit. Die goldene Regel, sowohl für die Ansprache als auch den Umgang mit Gästen, lautet: **Jeder Mensch möchte gesehen, gehört und respektiert werden!**

Das bedeutet, dass du dich wirklich mit deinem potenziellen Gast beschäftigst. Was mag er, was sind seine Hobbys, hat er Familie? Social Media liefert dazu oft wahre Schätze. Aus diesen Erkenntnissen kannst du eine Verbindung zu dir herstellen, denn Gemeinsamkeiten verbinden Menschen. Das können geteilte Interessen, Werte oder Visionen sein. Je größer die geografische oder soziale Distanz, desto stärker wirken selbst kleine Gemeinsamkeiten.

Stell dir vor, du bist in Australien, mitten im Outback, und hörst in einer staubigen Bar jemanden Deutsch sprechen. Zuhause würdest du das vielleicht ignorieren, doch am anderen Ende der Welt ist diese Gemeinsamkeit Gold wert. Ihr kommt ins Gespräch – nur wegen eurer gemeinsamen Sprache. So ähnlich funktioniert es auch mit deinen Podcast-Gästen: Finde eure Gemeinsamkeit.

Die Vorbereitung – Ein goldener Tipp von Larry King

Wenn dein Gast zugesagt hat, kommt der nächste Schritt: die Vorbereitung. Hier hielt ich mich die letzten Jahre an den Rat von Talkshow-Legende Larry King, der in seinem Buch „How to Talk to Anyone, Anytime, Anywhere" sinngemäß schrieb:

„Ich überlege mir nur die Einstiegsfrage. Danach bin ich einfach neugierig und höre zu."

Das klingt einfach und ist essenziell. Wir haben zwei Ohren und nur einen Mund – das ist schon ein Hinweis, wie wir uns verhalten sollten: mehr zuhören, weniger reden. Zu Beginn meiner Podcast-Reise habe ich das nicht verstanden. Stattdessen hatte ich 1,5 Seiten Fragen vorbereitet. Während mein Gast sprach, war mein Blick auf meinem Zettel der 1.000 Fragen und gedanklich war ich schon bei der nächsten Frage und nicht bei meinem Gast. Ergebnis? Das Gespräch wirkte mechanisch und nicht echt. Heute weiß ich: Gute Gespräche entstehen, wenn du deinem Gast wirklich zuhörst und spontan fragst, was dich und – automatisch – auch deine Zuhörer interessiert.

Was tun, wenn der Gast nicht redselig ist?

Ein Tipp: Denk an Serien oder Filme, die dich fesseln. Ich schaue gerade „Lost". Am Anfang hat mich gewundert, warum mir so viele Freunde dazu geraten haben. Doch je weiter ich schaute, desto mehr lernte ich die Hintergrundgeschichten der einzelnen Charaktere kennen: ihre Herkunft, ihre Kämpfe, ihre Ziele. Auf einmal war die Serie spannend, weil ich mich mit den Figuren und deren Rückschlägen identifizieren konnte.

Nutze dieses Prinzip auch im Podcast: Frag deinen Gast nach seinen Wurzeln, den Herausforderungen seiner Kindheit, oder nach ersten großen Erlebnissen. Solche Geschichten verbinden uns, weil sie universell sind.

Der Schlüssel zum Erfolg – Eine Lektion von Oprah Winfrey

Einen Tipp möchte ich dir noch geben. Diesen habe ich von Talkshow Vorbild Oprah Winfrey gelernt. „Nachdem das Interview vorbei war, kam in der Regel mein Gast auf mich zu und alle hatten sie dieselbe Frage - egal, ob Präsident oder Top-Schauspielern: „War ich okay?" oder „Wie habe ich mich geschlagen?" Diese Frage ist ein wichtiger Hinweis auf die menschliche Natur und das Bedürfnis nach Bestätigung. Diese Frage zeigt nochmals deutlich auf, wie sehr sich Menschen nach

Akzeptanz und Anerkennung sehnen, unabhängig davon, wie mächtig oder berühmt sie sind. Was uns wieder zu unseren glorreichen Dreien bringt. **Jeder Mensch möchte gesehen, gehört und respektiert werden!** Wenn du das vor-, während- und nach deinem Podcast beherzigst, wirst du den Erfolg haben, den du dir wünschst.

Last but not least – hab so viel Spaß, wie du kannst. Denn deine Laune überträgt sich auf den Zuhörer. Shit in = Shit out. Joy in = joy out. Du entscheidest.

Norman Gräter – The Inspirator

Preisgekrönter Motivationsredner, C-Level-Berater und Autor. Norman hat über 400 Prominente nach ihrem Erfolgsgeheimnis befragt und inspiriert Menschen weltweit, ihr Potenzial zu entfalten.

NEUE HORIZONTE

Am Anfang war die Reise, und die Reise begann mit einer Wahl. Diese Wahl war der Funke aller Veränderung, der Kompass, der den Kurs unseres Schicksals bestimmt. Durch unsere Entscheidungen erschaffen wir Bedeutung; durch Bedeutung erhellen wir den Weg vor uns. Jeder Horizont, den wir anstreben, beginnt mit einer inspirierten Entscheidung.

Die **Vorstellungskraft ist das Steuer** dieser großen Reise. Wie Napoleon Hill weise bemerkte: *„Die Vorstellungskraft ist der Ausgangspunkt aller Schöpfung."* Sie ist deine grenzenlose Fähigkeit, zu träumen, zu erschaffen und dein Leben in Einklang mit diesen Träumen zu lenken. Wie ein Kapitän, der sein Schiff durch offene Gewässer führt, gibt dir deine Vorstellungskraft die Werkzeuge, um Herausforderungen zu meistern, Chancen zu ergreifen und unbekannte Ufer zu entdecken. Bist du dir deiner Gedanken, Worte und Taten bewusst? Sie sind wie die Segel eines Schiffes – sie bestimmen die Richtung deiner Reise. Jeder Moment bietet dir die Möglichkeit, deinen Kurs neu auszurichten, dich an deinem wahren Norden zu orientieren und deine Rolle als Kapitän deines eigenen Schicksals anzunehmen. Die See mag manchmal rau sein, der Himmel unklar, doch in dir liegt die Kraft, dein Schiff voranzusteuern. Vertraue auf deine Vorstellungskraft, verankere dein Herz in Dankbarkeit und lass deine inspirierten Entscheidungen den Weg erhellen. Welche bewusste Wahl wirst du heute treffen, um dich selbst und andere zu inspirieren? Wie wirst du zu einer besseren Welt beitragen und die Horizonte deiner Lebensreise erweitern? Jeder Tag, jede Entscheidung ist eine Gelegenheit, Wellen der Veränderung zu erzeugen, die weit über den Horizont hinausreichen. Willkommen an Bord dieser Reise des Wachstums, der Verbundenheit und des unbegrenzten Potenzials. Lass uns gemeinsam einen Kurs in Richtung einer strahlenderen Zukunft setzen – eine inspirierte Entscheidung nach der anderen.

1. DEINE PODCAST VISION

Bevor du deine erste Episode aufnimmst oder deine nächste Show perfektionierst, gibt es ein entscheidendes Element zwischen dir und deinem Podcast-Erfolg: eine glasklare Vision.

Egal, ob du gerade erst startest oder einen bestehenden Podcast weiterentwickelst – deine Vision ist dein Kompass. Sie bestimmt deine Inhalte, fesselt dein Publikum und hält dich auf Kurs mit deinen Zielen. Lass uns gemeinsam erkunden, wie du eine Vision entwickelst, die inspiriert und dir eine klare Richtung gibt.

Warum deine Vision entscheidend ist

Deine Vision ist das „Warum" hinter deinem Podcast. Sie ist der Antrieb, der dich zum Erstellen motiviert und deine Hörer anzieht. Ohne eine klare Vision riskierst du, den Fokus zu verlieren, dich zu verzetteln oder inkonsistente Inhalte zu produzieren. Eine starke Vision hilft dir dabei:

- Deinen Zweck zu klären
- Dich mit deinem Publikum zu verbinden
- Deine Ziele zu erreichen

Der erste Schritt: Die richtigen Fragen stellen

Wenn du neu im Podcasting bist, beginne mit grundlegenden Fragen, um deine Vision zu schärfen:

- Worum geht es in deinem Podcast?
- Wer ist dein Zielpublikum?
- Warum sollten Menschen dir zuhören?
- Welche Ziele verfolgst du mit deinem Podcast?

Dein Vision Statement formulieren

Ein Vision Statement ist eine prägnante Beschreibung des Zwecks und der Ziele deines Podcasts. Es dient dir als Nordstern und kann so einfach sein wie:

„Unser Podcast unterstützt angehende UnternehmerInnen mit umsetzbaren Business-Strategien und inspirierenden Erfolgsgeschichten."
„Wir unterhalten und informieren TierbesitzerInnen mit humorvollen Geschichten, Expertenratschlägen und Interviews mit renommierten Tierärzten und Tierärztinnen."

Stelle dir vor, wo du deinen Podcast in einem Jahr, in drei Jahren und darüber hinaus siehst. Visualisiere alles – von der Anzahl deiner HörerInnen bis hin zu den Gästen, die du einladen wirst. Träume groß, aber setze dir erreichbare Meilensteine. Schreibe deine Vision auf und unterteile sie in konkrete, umsetzbare Schritte.

Klarheit ist wichtig – aber auch Anpassungsfähigkeit

Podcasting-Trends ändern sich, das Publikum entwickelt neue Vorlieben und auch du wirst mit der Zeit wachsen. Sei offen dafür, deine Vision regelmäßig zu überdenken und bei Bedarf anzupassen.

Eine klare Podcast-Vision ist das Fundament deines Erfolgs. Sie hält dich fokussiert, gibt deinen Inhalten Struktur und schafft eine tiefere Verbindung zu deinem Publikum. Egal, ob du Anfänger oder bereits erfahren bist – die Zeit, die du in die Definition oder Verfeinerung deiner Vision investierst, wird sich in der Qualität und Reichweite deines Podcasts auszahlen.

Starte jetzt – und lass deine Vision dich zu einem außergewöhnlichen Host mit beeindruckenden Episoden führen!

2. DIE GÄSTE GOLDMINE

In der Welt des Podcastings ist eine der spannendsten, aber auch herausforderndsten Aufgaben, die richtigen Gäste für deine Show zu finden. Als Podcast-Host sind deine Gäste das Herzstück des Werts, den du deinem Publikum bietest. In diesem Kapitel tauchen wir in Strategien, Plattformen und Techniken ein, die dir helfen, die perfekten Gäste für deine Show zu entdecken – und deine Gästeliste in eine wahre Goldgrube voller Inspiration und Wissen zu verwandeln. Bevor du dich überhaupt auf die Suche nach Gästen machst, schaffe eine Umgebung, die großartige Gespräche fördert. Stelle sicher, dass du genügend Zeit und Raum hast, wähle eine ruhige, störungsfreie Umgebung, in der du dich konzentrieren kannst, und begegne jedem Interview mit einer entspannten und offenen Haltung. Verstehe dein Thema und sei bereit, deine Gäste mit tiefgehenden Fragen zu inspirieren. Wie ich oft in meinem Podcast *The Inspired Choice* sage: „Lehn dich zurück, entspann dich und mach dich bereit für das beste Gespräch deines Lebens über ein Thema, das du liebst." Beginne damit, deine Podcast-Nische und Themen klar zu definieren. Denke über die Themen nach, die dich begeistern – die, über die du stundenlang sprechen könntest ohne Mühe. Sobald du Klarheit über deine Nische hast, wird es viel einfacher, Gäste zu identifizieren, die deine Vision teilen und deinen ZuhörerInnen echten Mehrwert bieten. Die wertvollsten Kontakte hast du oft schon direkt zur Hand. Plattformen wie Facebook, Instagram, TikTok und YouTube sind wahre Schätze für potenzielle Gäste. Nimm Kontakt mit deinem Netzwerk auf – FreundInnen, KollegInnen oder Bekannte, die zu deinem Thema passen. Diese sind deine „warmen Kontakte". Lade mehrere Gäste zu einer Gesprächsrunde ein. Diese Methode sorgt für dynamische Diskussionen und unterschiedliche Perspektiven. Für einen gezielteren Ansatz erkunde Podcasting-Plattformen und Gästeverzeichnisse wie *Matchmaker.fm*, das Podcast-Hosts mit potenziellen Gästen basierend auf ihren Interessen und ihrem Fachwissen verbindet, oder *PodMatch*, das einen maßgeschneiderten Matching-Service für Podcast-GastgeberInnen und Gäste bietet. In Podcast-spezifischen

Netzwerken gibt es oft Gruppen oder Communities, die sich dem Austausch von Gästen widmen. Diese Plattformen vereinfachen den Prozess, indem sie Gäste vorschlagen, die aktiv nach Interviewmöglichkeiten suchen. Unterschätze nicht die Kraft der Mundpropaganda. Bitte frühere Gäste, ein bis zwei Kontakte zu empfehlen, die möglicherweise Interesse an einem Auftritt in deiner Show haben. Diese Empfehlungen führen oft zu hochqualitativen, bereits geprüften Gästen, die perfekt zur Interessenlage deines Publikums passen. Tritt Gruppen wie *Be a Guest, Find a Guest* bei, die über 65.000 Mitglieder hat. Diese Communities sind wahre Schatztruhen, um Gäste zu finden, die ihr Wissen und ihre Erfahrungen teilen möchten. Durchstöbere einfach die Beiträge oder erstelle deine eigene Einladung für Gastauftritte. Erleichtere die Terminplanung und Kommunikation, indem du ein Online-Buchungstool nutzt. Teile einen Buchungslink, damit Gäste bequem eine passende Zeit für die Aufnahme wählen können, und lege feste Interviewzeiten fest, um einen geregelten Ablauf zu gewährleisten. Baue langfristige Beziehungen zu deinen Gästen auf, indem du ihnen in den sozialen Medien folgst, ihre Kanäle abonnierst, echtes Interesse an ihren Projekten zeigst und gemeinsame Kooperationen erkundest. Jeder Gast ist ein potenzieller Kollaborationspartner, Kunde oder Fürsprecher für deine Show. Nicht jeder Gast wird zu deiner Vision passen. Entwickle den Mut, auch mal Nein zu sagen, um sicherzustellen, dass dein Podcast seiner Mission treu bleibt. Wie ich gelernt habe: Eine klare Vision erleichtert diese Entscheidungen enorm. Denk daran, dass es beim Finden großartiger Gäste darauf ankommt, ihr Fachwissen und ihre Energie mit der Mission deines Podcasts in Einklang zu bringen. Mit den richtigen Strategien und Tools kann deine Gästeliste zu einer wahren Schatzkammer voller Erkenntnisse und Inspiration werden.

Bleib dran für das nächste Kapitel, in dem wir erkunden, wie du selbst ein wertvoller Gast wirst und unvergessliche Interviews führst, die einen bleibenden Eindruck hinterlassen.

3. HERAUSSTECHEN AUS DER MASSE

In der weiten Welt des Podcastings, in der Stimmen und Geschichten zu einem konstanten Rauschen verschmelzen, erfordert die Kunst, wirklich herauszustechen – sei es als GastgeberIn oder als Gast – bewusste Planung und Vorbereitung. Stell dir vor, du nimmst dir Zeit in einer ruhigen Umgebung, frei von Ablenkungen, wo du dich entspannt zurücklehnen kannst. In diesem Moment der Ruhe verwandelt sich das Gespräch in eine fesselnde Reise über Themen, die du liebst, bereichert durch einen Gast, der echten Mehrwert und tiefgehende Einsichten mitbringt. Das ist die Grundlage für jedes unvergessliche Interview. Herausragende Gäste zu finden, beginnt mit einem klaren Verständnis deiner Nische. Wenn du Themen wählst, die deine Leidenschaft entfachen – Themen, über die du stundenlang sprechen kannst – ziehst du automatisch Menschen an, deren Erfahrungen und Expertise mit dieser Energie harmonieren. Beginne mit deinen vertrautesten Kontakten: Freunde, Kollegen und Bekannte aus deinen sozialen Netzwerken. Engagiere dich bei denen, die du bereits kennst, und erweitere deinen Kreis, indem du Gastvermittlungsplattformen wie matchmaker.fm, PodMatch oder lebendige Facebook-Gruppen nutzt, die Hosts mit potenziellen Gästen vernetzen. Oft ist der einfachste Weg, ehemalige Gäste um Empfehlungen zu bitten – eine einzige Empfehlung kann deinen Kalender mit den richtigen Stimmen füllen. Über die Suche hinaus ist es entscheidend, einen reibungslosen Ablauf zu etablieren. Richte einen Online-Kalenderlink ein, über den potenzielle Gäste mühelos einen Termin buchen können. Plane deine Aufnahmen zu Zeiten, in denen die Umgebung ruhig ist – wenn Haustiere, Kinder oder andere Unterbrechungen unwahrscheinlich sind. Diese Vorbereitung betrifft nicht nur die Technik, sondern auch die Schaffung eines Raums, in dem authentische Gespräche gedeihen können. Wenn du vollkommen präsent bist, lernst du mit jedem Austausch etwas Neues und gibst dieses Wissen an dein Publikum weiter.

Doch herauszustechen bedeutet nicht nur, als Host einen exzellenten Job zu machen. Es bedeutet auch, ein außergewöhnlicher Gast auf einer anderen Plattform zu sein. Ob du Experten einlädst oder selbst interviewt wirst – es ist essenziell, echtes Interesse an der Arbeit deines Gegenübers zu zeigen. Folge ihren Social-Media-Kanälen, abonniere ihre Inhalte und interagiere mit ihrer Community. Diese Praxis fördert tiefere Verbindungen und öffnet die Tür zu zukünftigen Kooperationen. Jeder Gast oder Gastgeber ist nicht nur Teil einer Episode, sondern ein potenzieller Partner auf deinem Weg der persönlichen und beruflichen Weiterentwicklung.

Manchmal gehört zum Prozess ein Vorgespräch – eine Gelegenheit, die Übereinstimmung der Visionen zu prüfen. Solche Gespräche helfen nicht nur dabei, die richtige Chemie zu erkennen, sondern auch festzustellen, wenn ein Austausch nicht optimal passt. Den Mut aufzubringen, „Nein" zu sagen, wenn nötig, ist genauso wichtig wie die bewusste Entscheidung für Gelegenheiten, die wirklich mit deiner Mission übereinstimmen. In diesen Momenten formst du dein höheres Selbst und stellst sicher, dass jedes Gespräch einen bedeutenden Beitrag zu deiner Entwicklung leistet.

Letztendlich bedeutet Exzellenz, jede Unterhaltung als Chance zu begreifen – zum Lernen, Lehren und Verbinden. Es geht darum, eine klare Intention für dein Podcasting zu setzen und Gäste einzuladen, die diese Vision teilen. Ob als Host oder Gast – deine Authentizität und deine Bereitschaft, neue Erkenntnisse zu entdecken, schaffen die Basis für tiefgehende und transformative Gespräche.

Während du deine Podcast-Reise fortsetzt, erinnere dich daran: In einer überfüllten Welt herauszustechen, erfordert keine lauten Ansagen oder aufwendigen Inszenierungen – sondern beständiges, durchdachtes Engagement und die Bereitschaft, in bedeutungsvolle Gespräche zu investieren. Jeder Schritt zur Verfeinerung deines Prozesses bringt dich näher an den Kern authentischen Storytellings und nachhaltiger Wirkung.

4. MOMENTE, DIE ALLES VERÄNDERN

Jede Reise hat ihre prägenden Momente – und mein Weg als Podcasterin bildet da keine Ausnahme. In diesem zweiten Band der *Inspired Choice Chronicles* hatte ich das große Privileg, eine beeindruckende Bandbreite an Gästen zu begrüßen – erfolgreiche Unternehmer*innen, transformative Coaches und wahrhaft inspirierende Persönlichkeiten –, die nicht nur mein eigenes Leben bereichert, sondern auch die Mission von *The Inspired Choice* maßgeblich mitgeprägt haben. Einige Episoden stechen als echte Meilensteine hervor: Sie fangen die Essenz tiefgründiger Gespräche ein und hinterlassen einen bleibenden Eindruck. Besonders geehrt fühle ich mich durch das Vorwort des Inspirators persönlich – Norman Gräter. Diese Interviews sind weit mehr als nur Aufnahmen – sie sind Zeugnisse von Durchhaltevermögen, Echtheit und der Kraft des gemeinsamen Lernens. Band 2 ist genau deshalb so besonders – wegen dieser außergewöhnlichen Gäste und dem klaren Sinn für Purpose, den sie mitbringen. *The Inspired Choice* war von Anfang an dafür da, Transformation zu entfachen – durch das Teilen von Geschichten, das Weitergeben von Einsichten und das Erkennen des Potenzials in jedem Gespräch. In diesem Kapitel nehme ich dich mit hinter die Kulissen, um die Lektionen, Durchbrüche und Inspirationen zu teilen, die diese Schlüsselmomente für mich bereithielten. Mögen ihre Geschichten auch in dir neue Möglichkeiten entfachen – so wie sie es bei mir getan haben. Höre inspirierende Gespräche im *The Inspired Choice* Podcast auf Spotify, Apple Podcasts, Deezer, Audible, Amazon Music und anderen Streaming-Plattformen. Du kannst die Interviews auch auf YouTube ansehen.

Für den einfachsten Zugang besuche die Podcast-Website unter
https://www.podcast.inspiredchoice.today/
und suche nach dem Namen des Gastes.

4.1 Audrey Wiggins' Erfolgsformel

Als ich mich mit Audrey Wiggins für eine Folge von *The Inspired Choice* zusammensetzte, wurde mir schnell klar, dass ich einer Visionärin gegenübersaß, die seit Jahrzehnten die Welten von Branding, Unternehmertum und digitalen Medien prägt. Von ihren ersten unternehmerischen Schritten mit 15 Jahren bis hin zu ihrer Rolle als Chief Brand Strategist von Altogether Marketing LLC ist Audreys Geschichte eine Reise durch Widerstandskraft, Neugestaltung und sinnstiftenden Erfolg.

Auf die Frage nach der einen Lektion, die sie ihre ganze Karriere über begleitet hat, lautete Audreys Antwort schlicht und doch tiefgreifend: „Glaube an das Produkt oder die Dienstleistung, die du verkaufst." Dieser Grundsatz sei das Fundament jedes erfolgreichen Vorhabens. Ohne diesen Glauben sei es unmöglich, den wahren Wert dessen zu vermitteln, was man anbietet. Ihre ehrliche Reflexion über den Umgang mit Impostor-Syndrom war eine wertvolle Erinnerung daran, dass selbst Pionierinnen Selbstzweifel erleben – und dass das Überwinden davon Teil des Weges ist.

Audreys Gründung von MWMG TV, einer On-Demand-Plattform für unabhängige Content-Creator, ist ein Beweis ihres Innovationsgeistes. Lange bevor Videostreaming zum Mainstream wurde, hatte Audrey die Vision eines Raums, in dem Kreative ihre Werke präsentieren und gleichzeitig auf Analysen und Tools zugreifen konnten, um ihre Zielgruppe auszubauen. „Es ist fast wie traditionelles Fernsehen oder Netflix", erklärte sie und betonte dabei die Flexibilität und Reichweite der Plattform. Ihre frühe Adaption digitaler Medien zeigt ihr Gespür, neue Trends zu erkennen und umzusetzen.

Als Branding-Expertin betonte Audrey die Bedeutung von Authentizität und Klarheit. Sie forderte Unternehmer:innen dazu auf, sich auf ihre Kernwerte zu besinnen und diese in ihre Markenidentität einfließen zu lassen. „Deine Marke ist eine Erweiterung von dir", sagte sie. Diese Perspektive hat auch mein eigenes Verständnis von persönlichem und beruflichem

Branding verändert. Vom Logo auf einem Kugelschreiber bis hin zur Sichtbarkeit auf einer Werbetafel – Audreys Expertise offenbarte die feine Kunst, eine starke und bedeutungsvolle Marke zu erschaffen.

Audreys Gedanken zum Thema Mentoring waren ebenso inspirierend. „Menschen von außen können oft klarer erkennen, wer du bist und welches Potenzial du hast", bemerkte sie. Ihre Erfahrungen in einem Leadership-Programm unterstrichen die transformierende Kraft von Anleitung und externen Perspektiven. Es war eine kraftvolle Erinnerung daran, dass Hilfe zu suchen kein Zeichen von Schwäche, sondern von Stärke ist.

Ein besonders spannender Teil unseres Gesprächs war Audreys Vision für das Jahr 2025 – ein Jahr, das sie der Wiederbelebung ihrer unternehmerischen Laufbahn in Vollzeit widmen möchte. Mit einem virtuellen Unternehmergipfel pro Quartal sät Audrey bereits jetzt die Samen für ein wirkungsvolles Jahr. Ihr Fokus auf Fortschritt statt Perfektion und der bewusste Umgang mit Zeit waren für mich eine wertvolle Lektion in Sachen ambitionierte Zielsetzung mit Klarheit und Intention.

Audreys Ratschläge für alle, die ein Unternehmen, einen Podcast oder ein kreatives Projekt starten wollen, waren sowohl praktisch als auch inspirierend: Definiere deinen Zweck, sei dir klar darüber, wem du dienen willst und warum. Strebe nach Exzellenz, nicht nach Perfektion – fang mit deinem besten aktuellen Stand an und passe unterwegs an. Umgib dich mit Unterstützung – sei es ein Coach, Mentor oder Gleichgesinnte; die richtigen Verbindungen helfen, Herausforderungen zu meistern. Und: Bleib in Verbindung – baue Beziehungen über reine Transaktionen hinaus auf und pflege echten Austausch mit deinem Publikum und deinen Kund:innen.

Audreys abschließende Gedanken brachten unser Gespräch auf den Punkt: „Es geht um Verbindung." Ob in der Kundenbeziehung oder in ihrer Arbeit, andere Kreative zu stärken – Audreys Erfolg basiert auf ihrer Fähigkeit, Vertrauen und Zusammenarbeit zu fördern. Als ich über unser Interview nachdachte, fühlte ich mich tief inspiriert von Audreys unerschütterlichem Einsatz für Wachstum und echte Verbindung. Ihre Geschichte ist ein leuchtendes Beispiel für Unternehmer:innen und Kreative gleichermaßen – eine Erinnerung daran, dass Glaube, Vision und echte Beziehungen die Eckpfeiler eines erfüllten Erfolgs sind. Audrey Wiggins zeigt uns, wie wir unser Tun und unsere Beziehungen auf ein neues Level heben können. Egal, ob du am Anfang stehst oder neue Horizonte erschließen möchtest – ihre Weisheit bietet dir eine klare Landkarte für Impact und Zielerreichung.

Staffel 10, Episode 33, on-air seit 28. Dezember 2024

aufgezeichnet am 28.12.24, Cleveland, OH, US / Deutschland

Kontakt zu Audrey Wiggins: https://www.altogether.biz/

LinkedIn: https://www.linkedin.com/in/audreywiggins

4.2 John McEntire – Intuition trifft Innovation

In diesem Kapitel freue ich mich sehr, die beeindruckende Lebensreise von John Taylor McEntire zu teilen – einem Mann, dessen Leben und Karriere Kontinente, Kulturen und transformative Ideen umspannen. Von seiner Arbeit im Bereich Technologietransfer an der University of Illinois bis hin zur Integration japanischer Geschäftspraktiken und der Förderung gemeinschaftsorientierter Führung ist Johns Geschichte ein lebendiger Beweis für die Kraft von Intuition, Resilienz und der universellen Verbindung, die uns alle wie ein Puzzle zusammenhält. Lass dich von seinen Erkenntnissen und umsetzbaren Strategien inspirieren, deinen eigenen Führungsweg bewusst zu gestalten.

Johns Kindheit war alles andere als gewöhnlich. Aufgewachsen in einem kulturell reichen, glaubensgeprägten Haushalt, war er von Pflegebrüdern mit indigenen Wurzeln, Austauschstudenten und Geflüchteten umgeben. Mit 22 Jahren hatte er bereits 19 Länder und alle 50 US-Bundesstaaten bereist. „Für mich war Vielfalt nichts, woran ich mich gewöhnen musste – es war einfach normal", erklärte John. Dieses Fundament legte den Grundstein für seinen lebenslangen Glauben daran, dass jeder Mensch ein einzigartiges Puzzlestück zur Welt beizutragen hat.

Eines seiner prägendsten Erlebnisse war seine Zeit in Japan, wo er die Geschäftspraktiken Ringi Seido und Nemawashi kennenlernte. John erklärte: „Nemawashi stammt ursprünglich aus der japanischen Gartenkunst – es bedeutet, die Wurzeln vorzubereiten, bevor man etwas verpflanzt. Im Geschäftsleben bedeutet das, den Boden für Konsens zu bereiten. Ringi Seido, das kreisförmige System, sorgt dafür, dass Entscheidungen gemeinschaftlich getroffen werden – von unten nach oben. Es dauert zwar länger, aber die Umsetzung läuft reibungslos." Diese Prinzipien lehrten John, wie wichtig es ist, jedes Teammitglied zu stärken und ein inklusives Umfeld zu schaffen, in dem jede Stimme zählt und zum kollektiven Erfolg beiträgt.

Während seiner Zeit an der University of Illinois brillierte John im Technologietransfer – der Brücke zwischen innovativer Forschung und praktischer Anwendung. „Von GPS bis zu Touchscreens – all diese Innovationen entstanden durch staatlich geförderte Forschung. Meine Aufgabe war es, sicherzustellen, dass diese Ideen ihren Weg in die Welt finden – als Produkte und Dienstleistungen zum Wohle der Menschheit", teilte er mit.

Doch trotz seiner beruflichen Erfolge durchlebte John eine persönliche Krise. Der Kampf seiner Frau mit Depressionen konfrontierte ihn mit seinen eigenen Gefühlen der Stagnation. Dieser Wendepunkt führte ihn zum Coaching, das er als „transformativ" bezeichnete. Durch Mentorship gewann er seine Durchsetzungskraft zurück, was schließlich zu einem Karrieresprung nach Doha, Katar führte.

Johns frühe Erfahrungen im Theater lieferten ihm wertvolle Lektionen über Zusammenarbeit und Führung. „Das Theater ist ein Mikrokosmos der Gesellschaft", sagte er. „Jede Rolle zählt – vom Hauptdarsteller bis zum Bühnenhelfer. Wenn alle Teile dieser Maschinerie harmonisch zusammenarbeiten, entsteht Magie." Diese Philosophie prägt Johns Führungsstil bis heute: Talente erkennen, fördern und im Einklang zusammenbringen.

Inspiriert von seinen vielfältigen Erfahrungen entwickelte John das Sync System: *Synchronize Yourself Naturally within your Community.* „Es geht darum, Kommunikationsbarrieren zu überwinden", erklärte er. „Ob im Konferenzraum oder im Wohnzimmer – effektive Führung beginnt damit, unterschiedliche Sprachen und Kulturen zu verstehen."

Johns Reise wurde maßgeblich von Intuition geleitet – eine Fähigkeit, die er auch anderen ans Herz legt. „Ob es Nunchi in der koreanischen Kultur ist oder einfach dein Bauchgefühl – Intuition ist ein kraftvolles Werkzeug. Sie hilft dir, den Raum zu lesen, dich anzupassen und Entscheidungen zu treffen, die mit deinem inneren Kompass übereinstimmen", erklärte er.

Johns Philosophie ist klar: „Lass nicht zu, dass deine Ausbildung deiner Bildung im Weg steht. Lerne durch Erfahrung, entwickle deine Intuition und suche dir Mentoren, die dich in dein volles Potenzial führen." Am Ende unseres Gesprächs betonte John, wie wichtig es ist, außerhalb der bekannten Muster zu denken und andere zu befähigen, ihr volles Potenzial zu entfalten. Seine Reise – vom global geprägten Aufwachsen bis hin zur Entwicklung wirksamer Führungsstrategien – ist eine inspirierende Landkarte für alle, die mit Sinn und Wirkung führen möchten.

- Vielfalt ist eine Führungsstärke – nutze sie bewusst.
- Intuition kann deine besten Entscheidungen leiten.
- Gib deinem Team Raum zum Wachsen – wie beim Vorbereiten des Bodens für einen Bonsai.
- Mentoren & Coaches sind Schlüssel zu deinem Wachstum.

Johns letzte Worte hallen lange nach:
„Wir alle sind Teil eines größeren Puzzles. Finden wir unseren Platz – und helfen anderen, ihren zu entdecken."

Staffel 10, Episode 62, on-air seit 11. Januar 2025
aufgezeichnet am 11.01.25 , West Richland, US / Deutschland

Kontakt zu John McEntire: www.mutualprosperity.com
LinkedIn: https://www.linkedin.com/in/johntaylormcentire/

4.3 Aaron Ryan – Fantasie wird Realität

Aarons Ryans Stimme trug jene Energie in sich, die nur ein erfahrener Geschichtenerzähler aufbringen kann – jemand, der sich durch verschiedene Genres bewegt hat und Tiefe in der Welt der Fantasie gefunden hat. Vom ersten Moment an, als er begann, seine Reise zu schildern, war klar: Kreativität war für ihn nicht bloß ein Zeitvertreib, sondern eine Berufung. Seine Erzählung entfaltete sich wie einer seiner Romane – vollgepackt mit Einsichten, Emotionen und kraftvollen Lektionen.

Aaron teilte den Ursprung seiner Leidenschaft fürs Geschichtenerzählen – eine Schulaufgabe in der zweiten Klasse, die sich zu einem lebenslangen Streben entwickelte. Als er von „The Electric Boy" erzählte, einer Kindheitsgeschichte, die auf überraschende Weise Parallelen zu seinem späteren Roman „Forecast" aufwies, wurde deutlich, wie frühe kreative Funken ein lebenslanges Feuer entfachen können.

„Das Leben schließt den Kreis", sinnierte er und zeigte auf, wie sich die Themen seiner frühen Geschichten in jenen widerspiegeln, die er heute erforscht. Das war ein Beweis dafür, wie unsere prägenden Erfahrungen oft die Wege lenken, die wir als Erwachsene einschlagen – selbst wenn wir es nicht sofort erkennen.

Das Gespräch ging nahtlos über in Aarons „Dissonance"-Reihe, eine postapokalyptische Saga, die in einer Welt spielt, die unserer gar nicht so unähnlich ist. Es ging dabei nicht nur um eine Alien-Invasion – es war ein Spiegel für den immerwährenden Kampf der Menschheit um Einheit. „Der wahre Feind ist immer der Mensch", bemerkte Aaron und webte damit einen zeitlosen Faden der Weisheit durch seine fiktive Erzählung. Die Gorgonen, furchterregende außerirdische Jäger, stellten zwar eine äußere Bedrohung dar, doch es war die Uneinigkeit der Menschen, die den Kern der

Geschichte betonte – eine Botschaft, die aktueller nicht sein könnte.

Wie Aaron solche fesselnden Welten erschafft? Eine Mischung aus Intuition und Flexibilität. Während manche Autoren minutiös planen, beschreibt sich Aaron selbst als „Pantser" – jemand, der die Geschichte organisch wachsen lässt. Oft sind es seine Figuren, die die Richtung bestimmen und die Handlung an unerwartete Orte führen. Ein Stil, der das Unvorhersehbare des Lebens widerspiegelt – und den Aaron mit ganzem Herzen annimmt.

„Ich lasse die Figuren mich führen", erklärte er. „Kunst ahmt das Leben nach, und das Leben ahmt die Kunst nach."

Seine Offenheit für Inspiration ging weit über die Fiktion hinaus. Als er die Geschichte vom Einschlafmärchen erzählte, das schließlich zu seinem ersten Kinderbuch „The Ring of Truth" wurde, sprach Aaron vom Geschichtenerzählen als Werkzeug zur Verbindung und zum Lernen. Die Themen Scham und Identität, die er im Buch behandelte, stammten direkt aus seiner Erziehungshaltung – ein bewusster Versuch, den Selbstwert seiner Kinder zu bestätigen und gleichzeitig ihr Verhalten anzusprechen.

Während wir tiefer in seinen kreativen Prozess eintauchten, offenbarte Aaron eine unkonventionelle, aber geniale Strategie: Er beginnt mit dem Buchcover. Die Visualisierung des fertigen Werks dient ihm als Kompass – ein greifbarer Antrieb, die Seiten mit Sinn und Absicht zu füllen.

Kein Kapitel wäre vollständig ohne einen Blick auf Aarons Mantra: Deine Fokussierung bestimmt deine Realität. Dieses Mantra begleitete ihn durch Höhen und Tiefen seiner kreativen Laufbahn und erinnerte ihn – und uns – daran, dass Klarheit und Intention Außergewöhnliches möglich machen.

Aarons abschließende Gedanken waren eine tiefgreifende Erinnerung daran, dass Kreativität nicht durch Grenzen eingeschränkt wird. Sie wird genährt durch den Mut, sich verletzlich zu zeigen, durch die Bereitschaft zu trauern und durch die Entschlossenheit, weiter zu erschaffen. Ob beim Erschaffen fiktiver Welten oder beim Navigieren realer Herausforderungen – Aarons Reise zeigte eindrucksvoll die transformative Kraft des Geschichtenerzählens.

Am Ende des Interviews wurde klar: Aarons Werk dreht sich nicht bloß ums Schreiben von Büchern – es geht darum, andere zu inspirieren, ihre Kreativität zu leben, ihren Ängsten zu begegnen und ihre einzigartigen Geschichten in die Welt zu bringen. Seine Botschaft war simpel und zugleich tiefgründig: In jeder Geschichte liegt die Kraft, zu verbinden, zu heilen – und zu verwandeln.

Staffel 10, Episode 71, on-air seit 16. Januar 2025

aufgezeichnet am 15.1.25 Seattle, WA, US / Deutschland

Kontakt zu Aaron Ryan: https://dot.cards/authoraaronryan

Author Aaron Ryan: https://www.authoraaronryan.com

Buch-Reihe "The End": https://thisisnottheend.com/

The Dissonnance Saga: https://www.dissonancetheseries.com

The End auf Amazon.de: https://amzn.to/3YkIOZY

Dissonance-Saga auf Amazon.de: https://amzn.to/3R1tuxz

4.4 Venchele St. Dic – Worte, die verbinden

Als ich mich mit Venchele Saint Dic zusammensetzte, wurde sofort klar, dass sie eine wahre Inspirationsquelle ist – eine kraftvolle Mischung aus Authentizität, Intellekt und einer tiefen Leidenschaft dafür, anderen zu helfen. Ihre ruhige, aber entschlossene Ausstrahlung trug jedes einzelne Wort, das sie sprach, und es war unmöglich, sich ihrer Geschichte zu entziehen.

Sie begann mit einer einfachen Wahrheit, die tief nachhallte: „Authentizität zählt. Menschen spüren Ehrlichkeit", sagte Venchele. „Inhalt muss transparent sein, besonders in Bereichen wie dem öffentlichen Gesundheitswesen oder beim Schreiben, wo Leben, Erfahrungen und Verletzlichkeit im Mittelpunkt stehen."

Für Venchele war das kein theoretischer Gedanke – es ist ihr Lebenswerk. Als Gründerin von Pathway Coach Writing hat sie sich dem Ziel verschrieben, angehenden Autor*innen und Unternehmen dabei zu helfen, ihre Geschichten mit Klarheit und Selbstvertrauen zu teilen. Doch es geht noch tiefer. Vencheles Arbeit ist durch ihre Erfahrung in der Leitung im Bereich Public Health geprägt – eine Perspektive, die allem, was sie berührt, Empathie und Sinn verleiht. „Public Health bedeutet, Ungleichheiten anzugehen", erklärte sie. „Es geht nicht nur um Zahlen – es geht um die Geschichten hinter den Zahlen. Dort geschieht die Magie."

Während ich Venchele zuhörte, wurde mir klar, wie sehr das Geschichtenerzählen die Brücke zwischen dem Technischen und dem Emotionalen schlägt. Es verbindet Daten mit menschlichen Erfahrungen. Sie sprach leidenschaftlich über ihre Mission, jene zu stärken, die oft aus den gängigen Erzählungen ausgeschlossen werden: Frauen, Menschen mit Behinderungen, Menschen im Bereich der psychischen Gesundheit. „Die wichtigsten Geschichten sind oft die, die nicht erzählt werden", sagte sie. „Sie sind das Gegengift zu einer Welt, die oft Oberflächlichkeit über Tiefe stellt."

Ich fragte sie, wie sie Authentizität in einer Ära voller Content-Marketing aufrechterhält. Ihre Antwort war klar: „Wir müssen Disruptoren sein. Der Fokus darf nicht nur darauf liegen, was sich verkauft. Es geht darum, was Wert schafft und Verletzlichkeit zeigt. Genau dort entsteht echte Verbindung."

Unser Gespräch glitt ganz natürlich zur Schnittstelle von Public Health und kreativem Schreiben. Auf den ersten Blick wirken das wie zwei sehr verschiedene Welten, doch Venchele machte die Synergie zwischen beiden sichtbar. Sie erzählte, wie ihre Erfahrungen mit technischem Schreiben – Förderanträge, Berichte, Fallstudien – ihre Fähigkeit geprägt haben, Geschichten zu schreiben, die sowohl wirksam als auch nachvollziehbar sind. „Public Health hat mich gelehrt, ehrlich, transparent und datenbasiert zu sein", sagte sie. „Aber es hat mich auch gelehrt, wie man Geschichten nutzt, um Zahlen menschlich zu machen."

Während sie sprach, wurde mir die Tiefe ihrer Einsicht bewusst: Jeder Text – ob Memoiren oder Fachbericht – birgt das Potenzial zur Veränderung. Es geht nicht nur um die Worte auf der Seite – sondern um die Absicht dahinter. „Inhalte müssen Emotionen auslösen", sagte Venchele. „Nur so kann man zum Handeln inspirieren."

Auch ihr Rat an angehende Autor*innen war kraftvoll: „Fang klein an. Schreib täglich Tagebuch – selbst wenn es nur zehn Minuten sind. Verurteile dich nicht. Lass deine Gedanken fließen, ohne den Druck, perfekt zu sein. Am Ende fügen sich auch scheinbar zusammenhangslose Ideen", versicherte sie. „Und wer weiß? Vielleicht wird dieses Tagebuch irgendwann dein Buch."

Was mich am meisten beeindruckte, war ihr Fokus auf Ruhe – ein Thema, das in Gesprächen über Produktivität oft vergessen wird. „Deine beste Arbeit entsteht nicht aus Erschöpfung", sagte sie. „Wir leben in einer Kultur, die das ständige Machen glorifiziert – aber echte Kreativität und Wachstum brauchen Pausen."

Diese Philosophie zieht sich auch durch ihre Art, Ziele zu setzen. Venchele sprach davon, ihre Projekte an ihren Werten auszurichten, sich selbst Zeit zu lassen und dem Drang zu widerstehen, sich mit anderen zu vergleichen. „Dein Anfang ist nicht das Ende von jemand anderem", erinnerte sie mich. „Vertraue dem Prozess, sei verletzlich – und alles wird sich fügen."

Zum Abschluss teilte Venchele ein Mantra, das ihre Sicht aufs Leben perfekt zusammenfasst: „Das Leben ist eine Drehtür. Bleib relevant, wachse weiter und verbinde dich mit Menschen, die du nie erwartet hättest. Und denk dran: Du musst nicht den Ozean zum Kochen bringen. Es braucht eine Gemeinschaft, um die Welt zu verändern."

Ich verließ das Interview mit einem erneuerten Sinn für Klarheit und Zielstrebigkeit. Vencheles Worte waren eine kraftvolle Erinnerung daran, dass Authentizität, Verletzlichkeit und Ruhe keine Luxusgüter sind – sondern essenzielle Zutaten für bedeutungsvolle Arbeit und ein erfülltes Leben.

Staffel 10, Episode 70, on-air seit 15. Januar 2025

aufgezeichnet 14.10.24 Washington D.C, US / Deutschland

Kontakt zu Venchele: https://www.linkedin.com/in/venchele-saint-dic-drph-student-mph-baph-70480811/
Website: https://www.pathwaycoachwriting.com/

4.5 Annette Dernick – Frieden beginnt bei dir

Als ich mit Annette Dernick zusammensaß, war mir sofort klar: Dieses Gespräch würde nicht nur inspirieren, sondern auch tief berühren. Annette, Expertin für die Förderung von Liebe und Frieden in Unternehmen, bringt eine frische Perspektive in die Dynamik von Organisationen. Sie ist nicht nur Speakerin, Coach und Autorin – sie ist eine Veränderungsstifterin, die sich mit ganzem Herzen dafür einsetzt, Arbeitsplätze in florierende Orte der Wertschätzung und Zusammenarbeit zu verwandeln. Annettes Engagement für Frieden wurzelt tief in ihrer eigenen Geschichte. Während unseres Gesprächs teilte sie eine entscheidende und sehr persönliche Erfahrung. „Ich wusste schon immer, dass Frieden mir wichtig ist", begann sie. Doch erst, als bei ihr eine komplexe PTBS diagnostiziert wurde – verursacht durch die Erlebnisse ihrer Eltern im Zweiten Weltkrieg –, verstand sie die Tiefe ihres inneren Aufrufs. „In diesen Momenten wurde mir klar, warum Frieden in meinem Leben immer so präsent war." Diese Erkenntnis leitete auch ihren beruflichen Weg, auf dem sie immer wieder Konflikte und Dysfunktionalität in Unternehmen erlebte. „Unternehmen führen ihre eigenen Kriege", bemerkte sie. „Aber meine Mission ist es, Führungskräfte zu unterstützen, die ihre Organisation auf ein neues Level von Frieden und Wertschätzung heben wollen."

Ihr Ziel: Eine Unternehmenskultur schaffen, die Talente anzieht und bindet – gerade in Zeiten eines umkämpften Arbeitsmarktes. Auf die Frage, wie sie eine Kultur der Wertschätzung definiert, stellte Annette klar: „Es geht nicht darum, dass alle einfach nett zueinander sind. Es geht darum, den inneren Wert jedes einzelnen Menschen im Unternehmen anzuerkennen." Sie betonte, wie wichtig es sei, Mitarbeitende für ihre individuellen Beiträge zu würdigen und eine Umgebung zu schaffen, in der Konflikte konstruktiv angesprochen werden. „Konflikte sind nicht das Problem", erklärte sie. „Das Problem ist, wie wir mit ihnen umgehen. Wenn wir Konflikte im Geist der Wertschätzung lösen, werden Teams stärker, kreativer und fokussierter."

Auch Annettes Einblicke in die messbaren Vorteile eines friedvollen Arbeitsplatzes waren beeindruckend: weniger Fluktuation, weniger Krankentage, mehr Engagement. „Mitarbeitende, die sich wertgeschätzt fühlen, arbeiten nicht nur mehr – sie arbeiten mit dem Herzen", sagte sie. „Und genau das wirkt sich direkt auf den Unternehmenserfolg aus."

„Es beginnt immer mit der Führungskraft", betonte Annette. „Führungskräfte sind Vorbilder – ob sie es wissen oder nicht. Ihre Haltung gibt den Ton für das gesamte Unternehmen an." Sie stellte ihr Konzept der „Gedankenhygiene" vor – vergleichbar mit einer mentalen Dusche. „Genauso wie wir unseren Körper reinigen, sollten wir auch unsere Gedanken klären. Beginnen wir den Tag mit negativen Gedanken – oder mit Optimismus und Möglichkeiten?" Sie ermutigt Führungskräfte, jeden Morgen innezuhalten und zu reflektieren, welche Wirkung ihr Denken und Verhalten auf ihre Teams hat. Ihr Rat war so praxisnah wie tiefgreifend: „Wenn Führungskräfte ihren Teams mit echtem Interesse und Fürsorge begegnen, entsteht eine Kettenreaktion. Mitarbeitende spiegeln diese Energie, und bald entsteht ein Miteinander voller Respekt und Zusammenarbeit."

Während unseres Gesprächs teilte Annette einfache, aber wirkungsvolle Werkzeuge, um eine Kultur des Friedens zu fördern. Eines ihrer Favoriten: die Ich-Botschaft. Statt „Du bist immer zu spät" könnte man sagen: „Ich habe heute Morgen gesehen, dass es 9:05 Uhr war. Mir ist wichtig, dass wir um 9 Uhr für unsere Kunden bereit sind." Eine weitere Technik: Offene Fragen stellen, um Lösungen zu finden. „Statt zu sagen: ‚Das geht nicht', lieber fragen: ‚Wie können wir das möglich machen?'" Solche kleinen Veränderungen in der Sprache können die Kommunikation komplett transformieren und echte Zusammenarbeit ermöglichen. Annette betonte auch die Bedeutung von Vielfalt. „In internationalen Teams bringt jede Kultur ihre eigenen Stärken mit. Wenn wir diesen Unterschieden mit Neugier statt mit Bewertung begegnen, entsteht Innovation."

Sie erzählte von einem Unternehmen, das unter geringer Moral und ständigen Konflikten litt. Durch die Arbeit mit dem CEO – mit klaren Erwartungen und einem inklusiven Umfeld – kam es zu einem spürbaren Wandel: mehr Engagement, bessere Konfliktlösungen, höhere Produktivität. „Es geht nicht nur darum, Mitarbeitende glücklich zu machen", sagte sie. „Es geht darum, ein Unternehmen zu schaffen, das gedeiht. Wenn Menschen sich wertgeschätzt fühlen, bringen sie ihr Bestes ein – für sich selbst, für die Kunden und für das Unternehmen." Am Ende unseres Gesprächs teilte Annette ihre Vision: „Ich möchte noch viel mehr Menschen mit dieser Botschaft erreichen – ob durch Vorträge, mein Buch oder Einzelcoachings. Mein Ziel ist es, so viele Führungskräfte wie möglich für Frieden und Wertschätzung zu begeistern." Sie verriet auch, dass sie plant, eine englische Ausgabe ihres Buches *Der Friedensfaktor* zu veröffentlichen und ihre Auftritte international auszuweiten. „Das ist mehr als eine Mission – es ist eine Bewegung. Ich glaube daran, dass wir gemeinsam eine Welt schaffen können, in der Unternehmen eine Kraft des Guten sind." Zum Schluss ließ uns Annette mit einer kraftvollen Erinnerung zurück: „Frieden beginnt bei dir. Er beginnt mit den Entscheidungen, die du jeden Tag triffst – mit deinen Gedanken, deinen Worten und deinen Handlungen. Wenn du Frieden verkörperst, inspirierst du andere, es dir gleichzutun. Und so verändern wir die Welt."

Ich kann dem nur zustimmen. Annettes Botschaft ist ein Aufruf an uns alle, mehr Liebe, Wertschätzung und Verständnis in unsere Arbeitswelt – und in unser Leben – zu bringen. Wenn wir das tun, transformieren wir nicht nur unsere Unternehmen – wir transformieren uns selbst.

Staffel 8, Episode 17, on-air seit 1. Oktober 2024
aufgezeichnet 27.8.24, Brühl / Allgäu, Deutschland

Kontakt zu Annette und **Love & Peace in Companies**:
https://annettedernick.com/
Buch "The Peace Faktor": https://amzn.to/40HButh

4.6 Lorna Gale – Der Kessel der Schöpfung

Caroline Biesalski stellt Lorna Gale als außergewöhnlichen Gast vor, deren Mission es ist, Menschen dabei zu begleiten, sexuell frei und spirituell ganz zu leben. Lorna, eine Sex- und Spirit-Alchemistin des weiblich-geführten Lebens, vereint ihre Expertise als intuitive Energieheilerin, somatische Sexualtherapeutin und preisgekrönte Rednerin, um für ihre Klient*innen transformative Erfahrungsräume zu schaffen. Ihre Arbeit dreht sich darum, Menschen dabei zu helfen, sich im eigenen Körper zu Hause zu fühlen, ein kraftvolles Leben zu führen und ihr authentisches Selbst zu verkörpern.

Lorna teilt ihre persönliche Reise, die in einem religiösen Elternhaus begann, wo die Idee des „sich für die Ehe aufhebens" eine tiefe Entfremdung von ihrem Körper und ihrer Sexualität verursachte. Erst Jahrzehnte später – nachdem sie ihre Töchter großgezogen und ihren eigenen Weg der Selbsterkenntnis beschritten hatte – erlebte sie ein tiefgreifendes sexuelles Erwachen in der Lebensmitte. Durch Retreats, Weiterbildungen und somatische Praxis fand sie zurück zu ihrer Identität als sexuelles und spirituelles Wesen. Diese Erfahrung veränderte nicht nur ihr persönliches Leben, sondern entfachte auch ihre berufliche Berufung.

Lorna betont die Verbindung von Sexualität und Spiritualität und stellt gängige gesellschaftliche Trennungen infrage. „Wir kommen aus Sex", sagt sie, „es ist die schöpferische Kraft, die Geist ins Menschliche bringt." Ihre Arbeit hilft Klient*innen, sich mit dieser Lebensenergie zu verbinden – als Essenz ihres Daseins. In sicheren und heiligen Räumen begleitet Lorna Menschen dabei, ihren Körper zu bewohnen und sich von Scham und gesellschaftlichen Erwartungen zu befreien.

Im Gespräch stellt Lorna somatische Übungen vor und lädt die Zuhörenden ein, sich über bewusste Atmung und Körperwahrnehmung wieder mit sich selbst zu verbinden. Sie beschreibt das Spüren des „Körperballons", das Ausdehnen und

Zusammenziehen des Atems über den Rumpf, Rücken und sogar das Becken – das sie den „Kessel der Schöpfung" nennt. Diese Praxis dient nicht nur der physischen Wahrnehmung, sondern verankert einen Zustand von Ganzheit und Verbundenheit.

Als Lehrerin und intuitive Heilerin unterstützt Lorna Menschen dabei, das Konzept von Einvernehmen neu zu begreifen – nicht nur als verbale Zustimmung, sondern als körperlich spürbares Gefühl von stimmiger Ausrichtung. Sie erklärt, wie gesellschaftliche Konditionierungen oft unsere natürlichen Grenzen übergehen lassen und in Gefälligkeitsverhalten münden. Mit somatischen Methoden befähigt sie Menschen, ihr inneres „Ja" und „Nein" wahrzunehmen und zu achten – und dadurch mehr Authentizität und Selbstvertrauen zu entwickeln.

Gemeinsam mit Caroline spricht Lorna über das Zusammenspiel von weiblicher und männlicher Energie. Sie definiert Weiblichkeit und Männlichkeit nicht als geschlechtliche Merkmale, sondern als Energie (weiblich) und Form (männlich). Das weiblich-geführte Leben beschreibt sie als eines, in dem der Geist führt und die Struktur unterstützend wirkt – in Harmonie und Balance. Diese Philosophie ist die Grundlage ihrer Arbeit und unterstützt Menschen darin, ihre Ganzheit jenseits gesellschaftlicher Vorstellungen von Geschlecht und Sexualität zurückzuerobern.

Im spirituellen Teil des Gesprächs teilt Lorna ihre Sichtweise auf die Geschichte vom Garten Eden. Sie deutet die Gabe des Apfels nicht als Sündenfall, sondern als Erwachen sexueller und schöpferischer Energie. Statt Scham sieht sie darin eine Einladung, unsere göttliche Essenz zurückzufordern und unsere Ganzheit zu umarmen. Ihre Perspektive lädt dazu ein, unsere Beziehung zu Sexualität und Spiritualität neu zu betrachten.

Caroline zeigt sich tief beeindruckt von Lornas Weisheit, die perfekt zum Thema des Podcasts – Inspiration – passt. Gemeinsam sprechen sie über prägende Mentoren und Autor*innen in Lornas Leben, darunter Joseph Kramer, Scott Kiloby und Robert Scheinfeld, dessen Arbeit über die Kraft von

Geschichten sie besonders berührt hat. Lorna beschreibt das Leben als „gelebte Geschichte", in der jede Erfahrung – so herausfordernd sie auch sei – verborgene Schätze für Wachstum und Transformation bereithält.

Lornas Gabe, Räume zu halten und das Potenzial anderer zu spiegeln, ist im gesamten Gespräch spürbar. Sie betont die Kraft von Verletzlichkeit und die Wichtigkeit, Scham abzubauen, um ein freies und erfülltes Leben zu führen. Ihre Fähigkeit, andere zurück zu ihrer inneren Wahrheit zu begleiten, inspiriert Caroline und die Zuhörenden gleichermaßen.

Am Ende der Folge teilt Lorna ein besonderes Geschenk: eine Anleitung mit dem Titel „6 Vorteile, sexuell mit deinem Körper verbunden zu sein" und „1 kraftvolle Übung, die dich dabei unterstützt". Sie ermutigt die Zuhörenden, über ihre Website oder Social Media Kontakt aufzunehmen – denn Verbindung und Netzwerk sind ein zentraler Teil ihres Wirkens. Caroline schließt sich dem an und erinnert das Publikum daran, die Gelegenheit zu nutzen, mit Lorna in Kontakt zu treten und das transformative Potenzial ihrer Arbeit kennenzulernen.

Staffel 3, Episode 30, on-air seit 7. März 2024
Staffel 7, Episode 11, on-air seit 13. August 2024

Kontakt zu Lorna:
https://www.trustedbodywork.com/profiles/lorna-gale
LinkedIn: https://www.linkedin.com/in/lorna-gale-b-ed-sse-csb-b52bb75/

4.7 Kimberly Laverdure – Intuition trifft Struktur

Als Kimberly Laverdure und ich unser Gespräch begannen, konnte ich nicht anders, als ihre ruhige Stärke zu spüren. Ihre Ausstrahlung war zugleich geerdet und erhebend – eine Balance, die perfekt zu ihrem beruflichen Ethos passt. Kimberly, Gründerin von *Systemize for Success*, hat es sich zur Aufgabe gemacht, seelengeführte Unternehmer*innen, Coaches und Heiler*innen dabei zu unterstützen, durch strukturierte Systeme und intuitive Strategien Harmonie in ihr Business zu bringen. Was mich jedoch am meisten beeindruckte, war, wie sehr ihre persönliche Geschichte ihre berufliche Mission geprägt hat.

Kimberlys Weg begann in der Konzernwelt, wo sie 17 Jahre lang in der Administration und Geschäftsführung tätig war. Doch das Leben hatte andere Pläne. Eine schwere Verletzung im Jahr 2007 zwang sie, sich mit ihren körperlichen Grenzen auseinanderzusetzen – es folgten Jahre voller Operationen, chronischer Schmerzen und tiefgreifender persönlicher Herausforderungen. Hinzu kamen die emotionalen Wunden aus einer toxischen Ehe und der schmerzhaften Erfahrung von elterlicher Entfremdung.

Doch Kimberly ließ sich nicht von diesen Krisen definieren. Als das Magazin ihrer Schwägerin plötzlich in Schwierigkeiten geriet, sprang sie ein. Dieser Moment markierte ihren Einstieg in die Online-Business-Welt. Was einst aus Notwendigkeit entstand, wurde zur Berufung. Mit der Zeit verwandelte sie ihren Schmerz in Sinn – und entwickelte Systeme, die anderen helfen, aus dem Chaos zurück in die Klarheit zu finden.

Faszinierend war, wie Kimberly intuitive Strategien mit moderner Technologie verknüpft. Sie sprach darüber, wie sie Mondzyklen und astrologische Energien nutzt, um Geschäftsentscheidungen zu treffen – eine Herangehensweise, die mir vorher fremd war, nun aber umso spannender erscheint.

„Wenn der Mond wächst oder abnimmt, herrscht jeweils eine andere Energie", erklärte sie. Ihre Fähigkeit, spirituelle Intuition mit praktischen Tools zu verbinden, wirkte wie moderne Alchemie – eine wahre Verkörperung ihres Titels als *Virtual Life Alchemist.*

Als sie über die häufigsten Fehler von Unternehmer*innen sprach, war ihre Expertise unübersehbar. „Zu viele Plattformen – oder zu wenige", sagte sie und schüttelte den Kopf. Sie erklärte, wie die falschen Tools – oder schlecht genutzte Systeme – Zeit und Geld rauben können. Ihre Lösung? Durchdachte, skalierbare Tech-Stacks, die mit dem Unternehmen mitwachsen – funktional, aber budgetfreundlich.

Kimberlys Leidenschaft für weibliche Führung war ebenso inspirierend. Sie betonte die Bedeutung, männliche und weibliche Energie in Balance zu bringen – unabhängig vom Geschlecht. „Es geht darum, einen natürlichen Rhythmus zu schaffen", sagte sie. Indem sie Intuition und Sanftheit mit Struktur und Handlung verbindet, glaubt Kimberly daran, dass Unternehmen widerstandsfähiger, harmonischer und ausgewogener werden.

Besonders beeindruckend war die Geschichte eines ehemaligen Klienten – ein Unternehmer, der völlig im Chaos versank. Mit Kimberlys Unterstützung wandelte sich sein Alltag: von Dauerstress hin zu effizienter Leichtigkeit, in der sogar Urlaube und wertvolle Familienzeit wieder möglich wurden. Es sind diese Geschichten, die zeigen, wie transformierend ihre Arbeit wirkt.

Was mich jedoch am meisten berührte, war Kimberlys Bescheidenheit und ihr tiefes Engagement für persönliches Wachstum. Sie ist nicht nur Mentorin – sie bleibt selbst stets Lernende. Ihre Pläne für die Zukunft – darunter ein Gruppenprogramm und ein Co-Author-Buch – spiegeln ihren Wunsch wider, noch mehr Menschen mit ihrer Botschaft zu erreichen.

Zum Abschluss gab Kimberly den Zuhörenden eine kraftvolle Erinnerung mit auf den Weg: „Überprüfe dein Business regelmäßig. Oft siehst du die Ineffizienzen nicht, wenn du mitten drin bist. Und vergiss nicht, dir Zeit zurückzuholen – automatisiere, strukturiere und lebe voll und ganz."

Kimberly Laverdure verkörpert, was es heißt, Krisen in Sprungbretter zu verwandeln. Ihre Geschichte handelt nicht nur von Überleben – sondern vom Aufblühen. Und davon, wie man andere auf diesem Weg mitnimmt. Wer bereit ist, sein Business für den Erfolg zu systematisieren, findet in Kimberlys Expertise und ihrem herzverbundenen Ansatz womöglich genau das fehlende Puzzlestück.

Staffel 8, Episode 22, on-air seit 5. Oktober 2024

aufgezeichnet 5.10.24 Port St Lucie, FL, US / Deutschland

Kontakt zu Kimberly: https://www.systemizeforsuccess.com

Website: https://virtuallifealchemist.com/

Buch „She Defies": https://amzn.to/3WT90KP

4.8 Gillian Sneddon – Liebe macht stark

Gillian Sneddons Weg ist ein eindrucksvolles Beispiel für die transformative Kraft von Liebe, Kreativität und Entschlossenheit. Als sie sich setzte, um ihre Geschichte zu erzählen, wurde schnell klar: Ihre Arbeit entspringt einem zutiefst persönlichen Ort – einer Verbindung aus Herzensintention und dem Wunsch, spürbare Veränderung in der Welt zu bewirken. Gillians Wirken als Autorin dreht sich um eine zentrale Mission: Kindern von klein auf ein tiefes Gefühl von Liebe und Selbstwert zu vermitteln. Die Inspiration dazu, so berichtete sie, kam aus einer ganz intimen Quelle – ihrem Sohn. In den Monaten nach seiner Geburt entstand in ihr die Vision eines Buches, das die grenzenlose Liebe ausdrücken sollte, die sie für ihn empfand. Was als persönliches Projekt begann, wuchs bald über ihre eigene Familie hinaus. Inspiriert von den Lehren Louise L. Hays entwickelte Gillian ein Buch, das weit mehr sein sollte als eine Gutenachtgeschichte – ein kraftvolles Werkzeug, um Liebe und Selbstbestätigung in die Gedankenwelt von Kindern zu pflanzen. Im Kern ist dieses Buch ein Liebesbrief an die Kinder dieser Welt. Es zeigt ihnen, dass sie wertvoll und geliebt sind. Besonders innovativ: Gillian integrierte einen Spiegel ins Buch, sodass Kinder sich selbst betrachten können, während sie positive Affirmationen laut aussprechen. Sie ist überzeugt: Diese einfache, aber tiefgreifende Übung kann das Selbstbild von Kindern und ihre Wahrnehmung der eigenen Identität nachhaltig verändern – gerade auch bei jenen, die frühe Traumata erlebt haben. Ihre Hoffnung ist, dass diese Worte zu einem Fundament für Selbstliebe und Resilienz werden. Gillian sprach offen über die Herausforderungen auf dem Weg zur Autorin. Der Prozess forderte sie heraus, ihre Komfortzone zu verlassen, neue Fähigkeiten zu entwickeln und sich mit Gleichgesinnten zu vernetzen. Ihren persönlichen und beruflichen Wachstum verdankt sie nicht zuletzt Mentoren und Institutionen wie dem Napoleon Hill Institute sowie prägenden Persönlichkeiten wie Bob Proctor und Tony Robbins. Diese Menschen zeigten ihr, dass Größe für jeden erreichbar ist, der bereit ist, sich auf die Reise einzulassen.

Doch Gillians Inspiration endet nicht mit ihrem Buch. Sie legt großen Wert darauf, ihre Worte – ob geschrieben oder gesprochen – als Mittel zur Ermutigung zu nutzen. Sei es ein freundliches „Guten Morgen" für den Nachbarn oder ein humorvoller Moment mit einem Freund – sie glaubt an die wellenartige Wirkung von Freundlichkeit und Positivität. Dieses Prinzip lebt sie im Alltag, stets bemüht, das Leben anderer ein Stück heller zu machen. Als kreative Gestalterin gelingt es Gillian, Weisheit und Mitgefühl in all ihre Projekte einfließen zu lassen. Ihre Liebe zum Wort zeigt sich nicht nur in ihrem Buch, sondern auch in ihren Hypnose-Audioaufnahmen, die etwa über Amazon Music zugänglich sind. Auf diese Weise erreicht sie Menschen auf besonders persönliche Weise. Kreativität, so sagt sie selbst, ist ihre Superkraft – und sie nutzt sie gezielt, um etwas Gutes in der Welt zu bewirken. Wenn es um Ziele geht, ist Gillian sowohl visionär als auch konkret. Für ihr Buch hat sie klare Absichten formuliert: Millionen von Exemplaren zu verkaufen, um möglichst viele Kinderherzen zu berühren. Darüber hinaus strebt sie nach kreativen Kooperationen mit anderen, um ihre Botschaft von Liebe und Positivität noch weiter zu verbreiten. Für Gillian ist Zielsetzung untrennbar mit der Kraft der Absicht verbunden. Die Prinzipien von Napoleon Hill und Bob Proctor haben ihr Denken geprägt. Sie visualisiert ihre Erfolge und geht gezielt Schritte in Richtung Verwirklichung. Ihr Ansatz ist bewusst, messbar und von echtem Engagement getragen. Auf die Frage, wie andere sie unterstützen können, antwortete Gillian schlicht: Verbindung. Beziehungen aufbauen, ein unterstützendes Netzwerk kreieren – das ist es, was zählt. Über Plattformen wie Facebook und TikTok teilt sie ihre Arbeit und öffnet sich für Austausch. Sie ist offen für Kooperationen und freut sich über Menschen, die ihre Vision teilen: Eine Welt, in der Liebe die treibende Kraft ist. Letztlich lautet Gillians zentrale Botschaft: Liebe und Authentizität. Sie erinnert uns daran, Selbstliebe zu kultivieren und die Kraft zu erkennen, die in uns liegt. Ihre Arbeit ist ein Aufruf, die eigenen Talente zu nutzen, um positive Veränderung zu schaffen. Und so zeigt Gillians Weg auf inspirierende Weise, was möglich wird, wenn wir mit Herz und Intention leben.

Staffel 6, Episode 30, on-air seit 19. Juli 2024
aufgezeichnet 27.6.24 Scotland, UK / Deutschland

Kontakt   zu   Gillian: https://www.linkedin.com/in/gillian-sneddon-bb88302b/

Buch "Little Ray of Sunshine":
https://www.facebook.com/mylittleray1/?locale=sw_KE&_rdr

4.9 Monique Schmitz – Vertrauen statt Angst

Es ist etwas zutiefst Transformierendes, eine Person nach einem Jahr voller Wachstum, Wandel und persönlicher Entwicklung wiederzutreffen. Meine beiden Gespräche mit Monique Schmitz – zuerst im April 2024, dann erneut im Februar 2025 – wurden zu einem lebendigen Zeugnis für die Kraft der persönlichen Transformation, für die Entscheidungen, die wir treffen, und für die unaufhaltsame Anziehungskraft unseres wahren Potenzials.

Als ich Monique das erste Mal interviewte, war ich sofort fasziniert von ihrer mitreißenden Energie und ihrer Fähigkeit, das Potenzial in anderen zu sehen, noch bevor sie es selbst erkennen konnten. Mit Leidenschaft sprach sie darüber, mentale Barrieren zu durchbrechen – über den Mut, sich vom Punkt A zum Punkt B zu bewegen. Damals war sie gerade von einer längeren Reise durch Australien zurückgekehrt, nachdem sie zuvor in der Schweiz und in Dubai gelebt hatte. Sie war ein leuchtendes Beispiel dafür, wie man sich für Vertrauen statt Angst entscheidet.

Ihre Philosophie war schlicht, aber kraftvoll: Handlung schafft Momentum. Sie sprach nicht nur über Möglichkeiten – sie lebte sie. In diesem ersten Gespräch erzählte sie, wie sie limitierende Glaubenssätze überwunden hatte, wie sie gelernt hatte, ihrer inneren Stimme zu vertrauen, und wie sie ihre Erfahrungen nutzte, um andere zu unterstützen. Ich erinnere mich gut an ihre Worte: „Der Anfang ist das, was die meisten Menschen aufhält." Ein Satz, der mir tief unter die Haut ging.

Aber Inspiration allein reicht nicht – sie muss gelebt werden. Und so war ich gespannt, als wir uns ein Jahr später erneut trafen: Was hatte sich verändert? Brennte das Feuer in ihr noch heller – oder war es unter der Last neuer Herausforderungen verblasst?

Kaum begann unser zweites Gespräch, hatte ich meine Antwort.

Monique war immer noch dieselbe mutige, inspirierende Kraft – aber etwas war tiefer geworden. Ihre Worte trugen eine noch stärkere Klarheit und Entschlossenheit in sich. Sie hatte die Prinzipien, über die sie sprach, nicht nur verinnerlicht – sie hatte sie angewendet. Und sie hatte damit nicht nur ihr eigenes Leben verändert, sondern auch das vieler anderer.

Im Laufe des Jahres hatte sie etwas Beeindruckendes aufgebaut. Ihre Arbeit hatte sich weiterentwickelt – von Einzelcoachings hin zu einer größeren Bewegung: Mentoring-Programme in Gruppen, immersive Events und Mastermind-Communities, die noch mehr Menschen erreichen. Sie hatte Australien als ihre langfristige Heimat angenommen und sich für die dauerhafte Aufenthaltsgenehmigung beworben – ein bedeutender Schritt zur Verwirklichung ihres Traums.

Der Satz, der unser zweites Gespräch prägte, lautete: „Wähle Vertrauen oder Angst." In unserem ersten Interview hatte sie diese Idee bereits angedeutet – doch jetzt lebte sie sie mit unerschütterlicher Überzeugung. Sie erinnerte daran, dass Vertrauen und Angst denselben unsichtbaren Raum einnehmen – der einzige Unterschied liegt darin, worauf wir uns ausrichten.

Ein besonders kraftvoller Moment war ihre Beschreibung einer einfachen, aber transformierenden Übung: Angst für drei Tage zu pausieren. Statt sofort mit Sorgen zu reagieren, ermutigte sie, innezuhalten und bewusst nach dem Guten in einer Situation zu suchen. „Was, wenn das gar nichts Schlechtes ist?" fragte sie. „Was, wenn es dich irgendwohin führt, das besser ist?"

Monique bezog sich dabei auf eine Erkenntnis von Mary Morrissey – das Gesetz der Nicht-Resistenz und die Praxis, Angst für drei Tage zu unterbrechen, um aktiv das Gute zu erkennen. Diese Herangehensweise nutzt Monique auch in ihrer Arbeit mit Klient:innen, um den Wechsel von Angst hin zu neuen Möglichkeiten zu erleichtern. Statt sich gegen Herausforderungen zu stemmen, lädt sie dazu ein, ihnen mit Neugier zu begegnen – in dem Vertrauen, dass daraus Klarheit und Lösungen entstehen.

Ich spürte in jedem ihrer Worte eine Tiefe, geformt durch Erfahrung, Ausdauer und einem unerschütterlichen Glauben an menschliches Potenzial.

Wenn ich beide Gespräche betrachte, sehe ich die Brücke, die sie verbindet: Moniques Weg ging nie nur um persönlichen Erfolg. Es ging ihr stets darum, eine Welle der Veränderung auszulösen – Menschen zu helfen, in ihre Kraft zu treten, ihre Geschichte neu zu schreiben und zu erkennen, dass sie immer eine Wahl haben.

Und genau das ist die Lektion, die ich mitnehme: Wachstum geschieht nicht in einem großen Moment der Erleuchtung – sondern durch die tägliche Entscheidung, im Vertrauen voranzugehen, statt sich in der Angst zurückzuziehen. Es ist das Bewusstsein, dass wir nicht in unseren Umständen gefangen sind – sondern dass wir die Architekt:innen unseres Lebens sind.

Wie Monique es so treffend ausdrückte: „Die Welt braucht uns – als bessere Version unserer selbst."

Und was für einen Unterschied ein Jahr machen kann.

Staffel 4, Episode 20, on-air seit 10. April 2024
Staffel 11, Episode 43, on-air seit 15. Februar 2025

Kontakt zu Monique:
https://www.linkedin.com/in/mjmschmitz/

4.10 Angela Sidlo – Energie als Heilweg

Wenn du dich jemals mit Energie, Heilung und der Kraft von Verbindung beschäftigt hast, dann wirst du das hier lesen wollen. Ich hatte die Ehre, mit Angela Sidlo zu sprechen – einer Expertin für ganzheitliche Gesundheit, die nicht nur über Wohlbefinden spricht, sondern es neu definiert. Angela ist zertifizierte Reflexologin, Aromatherapeutin und veröffentlichte Autorin. Besonders mit ihrer Arbeit in der AcuAroma-Therapie sorgt sie weltweit für Aufsehen. Schon zu Beginn unseres Gesprächs war spürbar: Hier geschieht ein Energie-Shift. Kennst du dieses Gefühl, wenn du jemandem begegnest und sofort merkst – da ist etwas Besonderes? Genau so war es. Angela beantwortete meine Fragen nicht einfach – sie öffnete mir die Tür zu einer völlig neuen Sichtweise auf Gesundheit, Energie und Selbstermächtigung. Was sofort auffiel: Sie nutzt ätherische Öle nicht nur zur Entspannung. Sie nutzt sie, um Energie auf tiefster Ebene zu verändern. Und jetzt wird's spannend: Wenn ein ätherisches Öl destilliert wird, gibt die Pflanze ihre Lebensenergie ab. Es geht nicht nur um Duft oder Wellness – es geht um die Frequenz der Pflanze und wie diese mit unserem eigenen Energiesystem kommuniziert. Die Öle sprechen mit uns – über Akupunkturpunkte. Genau das ist AcuAroma-Therapie. Und es ist kraftvoll. Viele Menschen unterschätzen das. Sie denken, ätherische Öle seien nur ein netter Zusatz im Selfcare-Ritual. Aber Angela räumt mit dieser Vorstellung auf. Sie zeigt, wie man Öle gezielt einsetzt – um Blockaden zu lösen, Emotionen auszugleichen und sogar unbewusste Muster umzuprogrammieren. Ich musste sie fragen: *Wie bist du zu dieser Arbeit gekommen?* Denn mal ehrlich – nicht jeder wacht morgens auf und entscheidet, eine völlig neue Heilmethodik zu etablieren. Ihre Antwort? Wie so oft bei großen Entdeckungen: Es begann mit ihrer eigenen Reise. Angela wollte nicht nur verstehen, *wie* Heilung funktioniert – sondern *warum* wir oft feststecken. Warum wiederholen sich emotionale Muster? Warum fühlen sich Menschen blockiert? Und vor allem: *Wie* befreit man sich daraus?

Diese Suche führte sie zu ihrer heutigen Arbeit. Sie hilft Menschen nicht nur, sich besser zu fühlen – sie gibt ihnen Werkzeuge an die Hand, um die Kontrolle über ihre Energie, ihr Denken und ihr Leben zurückzugewinnen.

Und dann sprachen wir über das Thema, das mir besonders im Gedächtnis blieb: Verbindung. Angela geht es nicht nur um individuelle Heilung. Sie will Kreise der Verbindung schaffen – *Learning Circles*. Ihr Ziel ist es, ein globales Netzwerk von Heilern aufzubauen, die ihr Wissen weitergeben, ihre Gemeinschaften stärken und gemeinsam das Energieniveau auf diesem Planeten anheben. Und sie ist bereits auf dem Weg: Ihre Kartensets sind in 12 Ländern erhältlich, ihr AcuAroma-Zertifizierungsprogramm wächst schnell.

So entsteht echte Transformation. Nicht durch Einzelne, sondern durch ein Netzwerk aus Menschen, die in ihre Kraft treten, Wissen teilen und gemeinsam leuchten.

Du fragst dich, was das mit *dir* zu tun hat? Ganz einfach: Wenn du dich jemals erschöpft, blockiert oder getrennt gefühlt hast – das ist kein Zufall. Es ist Energie. Und das Gute? Du kannst sie verändern.

Angela erklärte, dass die Natur in einem energetischen Netzwerk kommuniziert – und unser Körper funktioniert genauso. Denk an das Myzelnetzwerk unter der Erde – wie Pilze sich verbinden, Signale und Nährstoffe über weite Strecken senden. Auch Bäume tun das. Sie tauschen sich aus. Sie schützen einander. Sie teilen Ressourcen.

Menschen sind nicht anders. Wir sind für Verbindung geschaffen. Deshalb erschafft Angela ihre Kreise – denn genau wie die Bäume oder das Myzel sind wir stärker, wenn wir einander unterstützen.

Und wie fängt man an? Angela sagt: Klein. Aber bewusst.

Ein Lächeln. Ja, ein Lächeln ist Energie. Es ist eine Einladung zur Verbindung. Es sagt der Welt: *Ich bin offen. Ich bin da. Ich sehe dich.* Einer der einfachsten Wege, Energie sofort zu verändern.

Aber darüber hinaus geht es um Praxis. Umgib dich mit Menschen, die hoch schwingen. Lerne, wie du ätherische Öle strategisch nutzt – nicht nur als Duft, sondern als energetisches Werkzeug. Und vor allem: Tauche ein ins Lernen und in die Verbindung.

Angelas Ziel ist es, möglichst viele Menschen in ihrer AcuAroma-Methode auszubilden, damit sie ihre eigenen Learning Circles gründen, ihre Community stärken und Teil dieser globalen Bewegung werden können.

Aktuell bietet sie 50 % Rabatt auf Level 1 der Ausbildung an – inklusive Training, Beratung und Ressourcen für den Start.

Wenn du jemals verstehen wolltest, wie Energie wirklich funktioniert, wie du emotionale und mentale Blockaden durchbrichst oder wie du ein ganzheitlich ausgerichtetes Herzensbusiness aufbaust – *das ist dein Moment.*

Alles, was du brauchst, hast du bereits in dir. Die Frage ist: Bist du bereit für den nächsten Schritt?

Staffel 4, Episode 25, on-air seit 14. April 2024

aufgezeichnet 23.03.2024 Gearhart, OR, US / Deutschland

Kontakt zu Angela: http://www.learnangelasidlo.com/

4.11 John Verrico – Das innere Feuer

John Verricos Reise war alles andere als geradlinig. Als kleiner Junge war er schmächtig – ein leichtes Ziel für Mobbing. Er fühlte sich unbedeutend, unsichtbar, als hätte er der Welt nichts zu bieten. Es schien, als gäbe es zwei Arten von Menschen: Diejenigen, die Raum einnahmen, und diejenigen, die einfach verblassten. Und lange glaubte John, zur zweiten Gruppe zu gehören. Doch dann entdeckte er etwas Unerwartetes – Disco-Tanzen. Was als persönliche Mission zur Stärkung seines Selbstbewusstseins begann, wurde zum Wendepunkt, der sein gesamtes Leben prägen sollte. John hatte jahrelang vom Rand aus zugesehen, wie andere im Rampenlicht standen. Auf Schulpartys und später in Clubs beobachtete er, wie Menschen, die sich mühelos zur Musik bewegten, eine gewisse Magie ausstrahlten. Sie zogen andere an – und John wollte das auch. Also begann er zu lernen. Er studierte „American Bandstand" und „Soul Train", analysierte jede Bewegung, jeden Schritt, jede Gewichtsverlagerung. Er übte unermüdlich, entwickelte sogar seine eigenen Moves. Und als er bereit war, betrat er die Tanzfläche. Beim ersten Tanz in der Öffentlichkeit geschah etwas Unglaubliches: Die Menschen sahen ihn. Nicht wegen seiner Größe. Nicht wegen seiner Schwächen. Sondern wegen seiner Fähigkeit, sich selbstbewusst zu bewegen. Die Unsichtbarkeit war verschwunden – ersetzt durch Selbstvertrauen. Bald unterrichtete er andere. Menschen wollten lernen, was er konnte – wollten diese neue Stärke selbst erleben. Und im Unterrichten fand John etwas noch Wertvolleres als Talent: Er fand Sinn. Diese Erkenntnis war mehr als Tanzen. Sie war die Erkenntnis, dass Wert nicht davon abhängt, wie laut, groß oder begabt man ist – sondern davon, was man in sich trägt und mit anderen teilt. Dieser Sinn begleitete John durch jede Station seines vielfältigen Lebens: Vom Hausmeister über Comedian, Navy Master Chief, Leiter für Öffentlichkeitsarbeit bis hin zum Speaker und Mentor. Egal in welcher Rolle – sein Ziel blieb gleich: anderen helfen, ihren eigenen Wert zu erkennen.

Auf seinem Weg erkannte John ein wiederkehrendes Muster: Zu viele Menschen unterschätzen sich selbst. Sie lassen sich von der Welt ihre Grenzen diktieren. Und er verstand dieses Gefühl nur zu gut. Er sah auch, dass viele ein falsches Bild von Führung hatten. Viele glaubten, Führung bedeute, die lauteste Stimme im Raum zu sein, das Sagen zu haben. Doch John war überzeugt: Wahre Führung heißt nicht, über anderen zu stehen – sondern sie aufzurichten. Er erkannte, dass alle Menschen im Kern dasselbe wollen: Vertrauen, Respekt, Chancen. Und wenn Menschen sich wertgeschätzt fühlen, blühen sie auf. Aus dieser Erkenntnis entwickelte John ein Modell mit fünf Grundpfeilern: Trust – Opportunity – Respect – Communication – Humanity (TORCH)

„Diese fünf Dinge", erklärt John, „braucht jeder Mensch, um wirklich zu leuchten. Und wenn du das Feuer eines anderen entzündest, wird die Welt für euch beide heller."

Seine Philosophie war kein reines Konzept – er lebte sie. Ob beim Militär, im öffentlichen Dienst oder auf der Bühne – John machte es sich zur Aufgabe, andere zu ermutigen und zu stärken. „Du musst nicht das Licht eines anderen auslöschen, damit deines heller scheint", sagt er. „Je mehr wir andere zum Strahlen bringen, desto mehr erhellen wir gemeinsam die Welt." Diese Erkenntnis wurde sein Lebenswerk. Vom Tanzparkett bis zum Navy-Dienst, von der Regierung bis zur Bühne – John widmet sich bis heute der Aufgabe, anderen zu zeigen, dass sie wertvoll, kraftvoll und fähig sind, trotz aller Herausforderungen.

Die Welt kann dunkel sein – voller Spaltung, Angst und Unsicherheit. Doch die Lösung liegt nicht im Rückzug. Sie liegt darin, den Weg zu erhellen.

In seiner Karriere in der Öffentlichkeitsarbeit begegnete John unzähligen Menschen, die an sich selbst zweifelten – obwohl sie Talente und Ideen hatten, die das Potenzial hatten, etwas zu verändern. Immer wieder sagte er ihnen:

„Das Feuer ist bereits in dir. Du musst es nur mit der Welt teilen."

Und jedes Mal sah er, wie Menschen aufblühten, wenn sie dieses Feuer endlich zuließen. Sobald sie erkannten, dass sie etwas Wertvolles zu geben hatten, wuchs ihr Selbstvertrauen.

John ist überzeugt: Jeder Mensch – egal welchen Hintergrunds – hat ein Geschenk für die Welt. Und dieses Geschenk geht über persönlichen Erfolg hinaus. Es geht um Beitrag. Um Wirkung. Um das Leben anderer zu verändern.

Rückblickend erkennt John, dass das Mobbing seiner Kindheit eine seiner größten Lektionen war: Er konnte selbst entscheiden, wie er darauf reagierte. Er konnte es zulassen, ihn zu definieren – oder sich selbst neu erfinden. Er entschied sich für Letzteres.

Denn wir alle haben ein Feuer in uns. Die einzige Frage ist: Wirst du deines mit der Welt teilen?

Staffel 11, Episode 47, on-air seit 17. Februar 2025

aufgezeichnet 23.01.2025 York, PA, US / Deutschland

Kontakt zu John: https://www.johnverrico.com/

4.12 Katharine Giovanni – Erinnern ohne Schmerz

Als ich mich mit Katharine Giovanni zusammensetzte, füllte ihre Energie den Raum wie Sonnenlicht, das nach einem Sturm durch die Wolken bricht. Sie strahlte eine Art von Weisheit und Ruhe aus, die nur von jemandem kommen kann, der wirklich durchs Feuer gegangen ist – und auf der anderen Seite stärker wieder herauskam. Man spürte es in ihrer Stimme, in ihren Worten, in der Art, wie sie über Vergebung sprach – als sei sie sowohl Kampf als auch Heilung zugleich. Für sie war das kein theoretisches Konzept – es war gelebtes Leben, mit all seinen scharfen Kanten und weichen Landungen.

Katharine eröffnete unser Gespräch mit einer kühnen Aussage, die förmlich in der Luft stehen blieb: „Wenn Menschen das Wort Vergebung hören, gehen sie sofort zu ihrer 10. Zum Unverzeihlichen. Aber dort beginnt die Arbeit nicht." Sie lächelte wissend, als hätte sie gerade unsere Gedanken gelesen. „Fang klein an", sagte sie. „Mit dem, der dich im Verkehr geschnitten hat. Mit der Freundin, die spontan abgesagt hat. Mit dem Kollegen, der dein Sandwich aus dem Kühlschrank geklaut hat. Vergebung muss nicht mit dem großen Schmerz beginnen – es ist ein Prozess."

Und während sie das erklärte, wurde mir klar, wie sehr wir Vergebung verkomplizieren. Wie wir sie vom anderen abhängig machen – als würde es darum gehen, zu entschuldigen, zu vergessen oder jemandem zu vergeben, der es gar nicht verdient hat. Aber Katharine stellte dieses Denken auf den Kopf. „Vergebung hat nichts mit der anderen Person zu tun", sagte sie. „Es geht um dich. Es ist egoistisch – im besten Sinne. Du räumst den Müll in deinem Kopf auf, lässt den Zorn los, der dir Energie raubt, die du für etwas Besseres nutzen könntest. Es geht um Freiheit."

Sie beugte sich vor, als würde sie mir ein Geheimnis verraten. „Wut ist schwer", sagte sie, hob ihre Kaffeetasse und hielt sie vor sich. „Am Anfang ist es okay. Du merkst es kaum. Aber wenn du sie den ganzen Tag lang so hältst, wird dein Arm irgendwann müde. Deine Energie schwindet. Und irgendwann ist diese Tasse alles, woran du noch denken kannst. Vergebung," sagte sie und stellte die Tasse ab, „ist, sie endlich loszulassen. Es ist, dich selbst von der Last zu befreien."

Ich konnte die offensichtliche Frage nicht zurückhalten: „Aber was ist mit den großen Dingen? Den echten Verletzungen, den Menschen, die das Unverzeihliche getan haben?" Katharine zögerte keine Sekunde. Sie erkannte den Schmerz an – und bot dennoch eine neue Perspektive. „Manchmal hat Vergebung nichts mit der Person zu tun. Es geht darum, die Energie um die Situation herum zu vergeben. Sich selbst zu vergeben. Den Erinnerungen zu vergeben. Du musst mit dieser Person nicht reden. Du musst nicht einmal an sie denken. Es geht darum, die Kontrolle über deine eigene Geschichte zurückzugewinnen."

Und genau das war es, was mich an Katharines Ansatz so beeindruckte – es ging nicht darum, Schmerz zu verharmlosen oder so zu tun, als sei nichts passiert. Es ging darum, die Erfahrung neu zu rahmen, sich die eigene Kraft zurückzuholen und zu entscheiden, dass die Zukunft nicht vom Gestern geschrieben wird. „Vergebung ist kein Vergessen", betonte sie. „Es ist das Erinnern – ohne emotionale Aufladung. Es ist Neutralität."

Ihre Worte hatten ein Gewicht, das mich dazu brachte, innezuhalten und mein eigenes Leben zu reflektieren. Die Stellen, an denen ich zu fest hielt. Die Menschen und Situationen, die längst weitergezogen waren, während ich ihre Last noch trug. Und sie sprach nicht nur von Menschen. Sie forderte uns auf, auch Orten, Erinnerungen, ja sogar Gegenständen zu vergeben, wenn sie schlechte Energie für uns trugen. „Es geht nicht nur um das Wer – es geht auch um das Was."

Am Ende unseres Gesprächs hatte Katharine meine Sicht auf Vergebung völlig verändert. Es ist kein Geschenk an jemand anderen. Es ist ein Geschenk an dich selbst. Eine Erklärung der

Freiheit. Ein mutiger Schritt hin zu dem Menschen, der du eigentlich bist. „Vergebung ist das, was den Weg freimacht", sagte sie mit einem sanften Lächeln. „Sie lässt dich aufhören zu überleben – und anfangen zu leben."

Als wir abschlossen, war ich erfüllt von Dankbarkeit – nicht nur für Katharines Worte, sondern für die Art, wie sie sie lebte. Ihre Geschichte, ihre Weisheit, ihre Energie – all das war eine Erinnerung daran, dass wir die Macht haben, unsere Geschichte umzuschreiben. Wir können nicht kontrollieren, was uns passiert. Aber wir können entscheiden, was wir daraus machen. Und manchmal ist alles, was es braucht, der Mut, loszulassen.

Staffel 10, Episode 4, on-air seit 13. Dezember 2024
aufgezeichnet am 1.10.2024 Leland, NC, US / Deutschland

Kontakt zu Katharine: http://www.katharinegiovanni.com/
The Ultimate Path To Forgiveness: https://amzn.to/3XLgeRk

4.13 Dr. Edward Feinberg – Aufklärung statt Implantate

Dr. Edward Feinbergs Leidenschaft für die Zahnmedizin ist unübersehbar. Sein Wissen, seine Expertise und seine Hingabe an den Erhalt und die Wiederherstellung von Zähnen – statt sie zu ziehen – heben ihn in einem Fachgebiet hervor, das zunehmend von Effizienz und wirtschaftlichen Interessen getrieben ist. In unserem Gespräch teilte er nicht nur seine Weisheit, sondern auch seine dringende Mission: sowohl Zahnärzte als auch Patienten über die wahren Prinzipien nachhaltiger Zahngesundheit und die kritische Bedeutung fundierter Entscheidungen aufzuklären.

Als Zahnarzt in zweiter Generation, ausgebildet von seinem Vater Dr. Elliot Feinberg, hat Dr. Feinberg Jahrzehnte damit verbracht, Techniken zu bewahren, die von modernen Zahnärzten weitgehend vergessen wurden. Er hat über 70 Jahre erfolgreicher restaurativer Zahnmedizin dokumentiert – mit mehr als 100.000 Fotos – als lebender Beweis dafür, dass klassische Techniken der Kronen- und Brückenversorgung, wenn sie richtig ausgeführt werden, 30, 40 oder sogar 50 Jahre halten können. Und doch beobachtet er, wie diese bewährten Methoden zunehmend durch schnelle Lösungen ersetzt werden, von denen viele keine langfristige Erfolgsbilanz vorweisen können.

Einer der eindrücklichsten Punkte, die Dr. Feinberg ansprach, war der übermäßige und oft unnötige Einsatz von Zahnimplantaten. Er äußerte große Besorgnis darüber, dass viele Zahnärzte – aus Mangel an Selbstvertrauen in ihre Kronen- und Brückenfähigkeiten – zu schnell dazu tendieren, Zähne zu ziehen und durch Implantate zu ersetzen, ohne wirklich zu prüfen, ob der natürliche Zahn erhalten werden könnte. „Patienten sollten verstehen, dass nur weil ein Zahnarzt sagt, ein Zahn sei nicht zu retten, das nicht heißt, dass ein anderer ihn nicht retten kann", betonte er. Er ermutigt Menschen, sich – wie bei einer schwerwiegenden medizinischen Diagnose –

eine zweite Meinung einzuholen, anstatt blind der ersten Empfehlung zu folgen.

Diese Botschaft dreht sich nicht nur um Zahnerhalt – sie geht weit darüber hinaus: Es geht um die Selbstermächtigung von Patienten. Dr. Feinberg ist überzeugt davon, dass niemand sich zu drastischen Zahnbehandlungen gedrängt fühlen sollte, ohne alle Optionen wirklich zu verstehen. „Zahnmedizin ist selten ein Notfall", erklärte er. „Sie haben Zeit, Fragen zu stellen, sich weitere Meinungen einzuholen und eine Entscheidung zu treffen, die wirklich die beste für Sie ist." Seine Perspektive fordert einen Wandel im Verhältnis zwischen Zahnarzt und Patient – hin zu einem Miteinander auf Augenhöhe, in dem der Patient informiert und aktiv mitentscheidet.

Doch Dr. Feinbergs Mission endet nicht bei der Patientenaufklärung. Er möchte die Art und Weise verändern, wie Zahnmedizin gelehrt und praktiziert wird. Seine Online-Plattform „Onward" führt das Vermächtnis seines Vaters aus dem Jahr 1957 fort und bietet fundierte Schulungen in vollflächiger restaurativer Zahnmedizin. Er will sicherstellen, dass heutige Zahnärzte über das nötige Know-how verfügen, um Zähne zu erhalten – anstatt standardmäßig zur Extraktion und Implantation zu greifen. Gleichzeitig erkennt er die Herausforderungen an: Moderne Zahnmedizinstudierende schließen ihr Studium oft mit enormen Schulden ab, was sie dazu verleitet, auf Umsatz statt auf Qualitätsversorgung zu setzen. Das, so argumentiert er, steht im Widerspruch zu den Prinzipien von Langlebigkeit und echter Gesundheit, die im Zentrum der Zahnmedizin stehen sollten.

Dr. Feinbergs Arbeit ist ein Weckruf – für Zahnärzte wie für Patienten. Für Zahnärzte ist es ein Aufruf, höchste Standards einzuhalten, über das Gelernte hinauszugehen und das Wohl des Patienten stets vor wirtschaftliche Interessen zu stellen. Für Patienten ist es eine Einladung, Verantwortung für ihre Zahngesundheit zu übernehmen, Fragen zu stellen – und niemals davon auszugehen, dass eine Zahnentfernung alternativlos ist.

Am Ende unseres Gesprächs hinterließ Dr. Feinberg eine einfache, aber kraftvolle Botschaft: „Eilen Sie nicht. Informieren Sie sich. Holen Sie eine zweite Meinung ein. Und treffen Sie Entscheidungen, die wirklich in Ihrem besten Interesse sind." Diese Worte gehen weit über die Zahnmedizin hinaus – sie erinnern uns daran, das Leben mit Neugier, Geduld und dem Mut zu gestalten, Entscheidungen zu treffen, die unserer Gesundheit und unserem Wohlbefinden dienen.

Wer mehr erfahren möchte, findet in Dr. Feinbergs Buch *Open Wide* und auf seiner Online-Plattform *The Onward Program* tiefe Einblicke in diese Themen. Seine Mission geht weit über den Zahnerhalt hinaus – es geht ihm darum, Wissen, Integrität und das Recht jedes Patienten auf informierte Gesundheitsentscheidungen zu bewahren.

Staffel 11, Episode 24, on-air seit 5. Februar 2025

aufgezeichnet 24.10.2024 Scarsdale, NY, US / Deutschland

Kontakt zu Dr. Edward Feinberg:

https://www.linkedin.com/in/edward-feinberg-b79b2a15

4.14 Liliana Cavaliere Hintz – Das Erfolgsrezept!

In diesem Kapitel der *Inspired Choice Chronicles* hatte ich das Vergnügen, mit Liliana Cavaliere Hintz zu sprechen – einer Frau, deren Weg von Resilienz, Transformation und der Kraft inspirierter Entscheidungen geprägt ist. Unser Gespräch war ein tiefes Eintauchen in Selbstentdeckung, Leadership und die Erfolgsprinzipien, die ihr Leben geprägt haben.

Lilianas Geschichte beginnt in Italien, wo sie geboren und aufgewachsen ist, bevor sie mit 24 Jahren den mutigen Schritt wagte, in die USA auszuwandern. Ihre Reise war nicht nur geografisch, sondern vor allem eine Transformation ihres Denkens, ihrer Ambitionen und ihrer Lebensaufgabe. In der neuen Heimat baute sie sich ein Leben auf, lernte eine neue Sprache und wurde über die Jahre hinweg eine erfolgreiche Unternehmerin in der Gastronomie. Doch was ihren Weg wirklich geformt hat, waren die Lehren von Napoleon Hill, Earl Nightingale und Bob Proctor – Mentoren, deren Philosophie der persönlichen Entwicklung und des Erfolgs sie tief verinnerlicht hat.

Fast vier Jahrzehnte lang führte Liliana ihr eigenes Restaurant – doch in Wahrheit tat sie weit mehr als nur Essen zu servieren. Sie coachte. Für sie bedeutete Führung nicht, Anweisungen zu geben, sondern Menschen zu inspirieren, das Beste in sich zu erkennen. Der Erfolg ihres Restaurants war kein Zufall – er basierte auf denselben Prinzipien, die sie heute weitergibt:

- **Stärkung durch Glaube** – Mitarbeitende darin bestärken, ihr eigenes Potenzial zu erkennen
- **Langfristige Vision** – mit Klarheit und Ausdauer führen
- **Geben, um zu empfangen** – verstehen, dass echter Erfolg durch Beitrag entsteht

Ihr Ansatz führte zu einem in der Gastronomie nahezu einzigartigen Phänomen: Mitarbeitende blieben über 20 Jahre im Unternehmen – ein Beweis für den tiefen Einfluss, den sie auf das persönliche und berufliche Wachstum ihrer Teammitglieder hatte.

Ein besonders kraftvoller Moment in unserem Gespräch war Lilianas Sicht auf das Thema Entscheidungen:

„Erfolg geschieht nicht über Nacht. Zuerst triffst du die Entscheidung, dass du Erfolg haben wirst. Dann folgt alles andere."

Diese Philosophie begleitete sie durch große Lebensveränderungen – etwa als sie ihr Restaurant verkaufte, nur wenige Wochen bevor die Pandemie ausbrach. Eine Entscheidung, die man als Schicksal, Glück – oder, wie Liliana es sieht – als Ergebnis klarer Intention und ausgerichtetem Handeln verstehen kann.

Heute widmet sich Liliana ganz dem Coaching. Sie hilft Menschen dabei, ihre wahren Wünsche, ihre Berufung und ihr Potenzial zu erkennen. Mit dem Programm *Thinking Into Results* (TIR) – entwickelt von Bob Proctor – unterstützt sie ihre Klient*innen darin, begrenzende Glaubenssätze aufzulösen und nachhaltigen Erfolg zu erschaffen.

Für alle, die neu in der Welt der Persönlichkeitsentwicklung sind, bietet sie ein einmonatiges „Teaser"-Programm an – ein sanfter, aber kraftvoller Einstieg in die Prinzipien, die den inneren Entdeckergeist wecken und neue Lebensmöglichkeiten sichtbar machen können.

Was Liliana besonders macht, ist ihr herzbasierter Ansatz. Sie glaubt an echtes, persönliches 1:1-Coaching – mit echter Verbindung, Tiefe und Vertrauen.

Für alle, die mit Liliana zusammenarbeiten möchten, gibt es ein exklusives Angebot:
Nenne den Code „INSPIRED" und erhalte ein Spezialangebot auf ihre Coaching-Programme.

Liliana coacht auf Englisch und Italienisch – und macht ihre Programme damit für ein breites Publikum zugänglich.

Egal ob du dich von inneren Begrenzungen lösen, Klarheit über deine Ziele gewinnen oder dich einfach von einer Frau inspirieren lassen möchtest, die den Weg selbst gegangen ist – Liliana ist eine Mentorin, die mit Weisheit, Erfahrung und Herz führt.

Ihre Reise ist ein kraftvolles Beispiel für die Macht von Glaube, Widerstandskraft und inspiriertem Handeln. Sie erinnert uns daran: Es kommt nicht darauf an, wo du startest – sondern welche Entscheidungen du auf deinem Weg triffst.

„Sag mir, was du willst – und ich zeige dir, wie du es bekommst."

Das ist mehr als ein Versprechen – es ist eine Lebensphilosophie, die Liliana selbst gelebt hat und nun an andere weitergibt.

Ich lade dich ein, mit Liliana in Kontakt zu treten – ihre Wärme, Weisheit und Lebensfreude sind wirklich inspirierend.

Staffel 2, Episode 4, on-air seit 28. Dezember 2023
aufgezeichnet am 27.12.2023 Florida US / Deutschland

Kontakt zu Liliana: https://www.linkedin.com/in/liliana-cavaliere-hintz-478b7236/

4.15 Brian Elam – Deine Version von Erfolg

Wenn du Unternehmer*in bist, hast du den Satz wahrscheinlich schon einmal gehört: „Dein Netzwerk ist dein Nettowert."

Aber wie viele von uns verstehen wirklich, was das bedeutet? In meinem Gespräch mit Brian Elam, dem Host des Podcasts *Get Your Entrepreneurship Together*, sind wir diesem Konzept tief auf den Grund gegangen – und Brian hat dabei kein Blatt vor den Mund genommen. Brian weiß aus eigener Erfahrung, wie entscheidend das richtige Netzwerk für den Erfolg eines Unternehmens ist. Früh in seiner Karriere musste er lernen, dass selbst die beste Idee nicht ausreicht, wenn dir die richtigen Menschen, Partnerschaften und Kontakte fehlen. Und falls du gerade in der Dauerschleife steckst, alles allein machen zu wollen – dieses Kapitel ist für dich. Brians erstes Unternehmen war, wie er dachte, eine brillante Idee: eine Plattform à la Angie's List, aber für Anbieter im Bereich natürliche Gesundheitsversorgung.

Es hatte alles, was ein erfolgreiches Startup braucht: ein starkes Konzept, eine gefragte Dienstleistung und die passende Technologie.

Nur ein Problem gab es: Er machte alles allein.

„Ich war in meinem Unternehmen statt an meinem Unternehmen tätig", gab er zu.
Er stellte sich nicht die entscheidenden Fragen:

- Mit wem muss ich sprechen, der sowas schon gemacht hat?
- Wer hat Erfahrungen, von denen ich lernen kann?
- Wie bringe ich andere in meine Vision mit hinein?

Hätte er sich ein Netzwerk aus Mentoren und Gleichgesinnten aufgebaut, wäre der Ausgang vermutlich ein anderer gewesen. Die meisten Unternehmer*innen begehen den Fehler, alles selbst machen zu wollen – ohne zu erkennen, dass wahre Ausrichtung der Schlüssel zum Erfolg ist. Brian brachte es so auf den Punkt:

Du hast Stärken – konzentriere dich auf sie.
Du hast Schwächen – gib sie ab oder automatisiere sie.
Wenn du Aufgaben machst, die dich auslaugen, ist dein Unternehmen auch blockiert.

Egal ob Solopreneur oder Teamleiter*in: Zu erkennen, was du **nicht** tun solltest, ist genauso wichtig wie zu wissen, was du tun **solltest**.
Wenn eine Aufgabe nicht zu deiner Leidenschaft oder deinen Stärken passt, dann ist es an der Zeit, sie an jemanden oder etwas abzugeben, das es besser kann.

Ein weiterer Gamechanger: **Grenzen setzen.**

Viele von uns tun sich schwer damit, „Nein" zu sagen – aus Angst, wie wir dann wahrgenommen werden.
Doch Brian brachte einen kraftvollen Perspektivwechsel:

„Nein sagen macht dich nicht zu einem schlechten Menschen. Es lässt andere dich mehr respektieren. Wenn du dann Ja sagst, wissen sie, dass es echt ist."

Wenn du deine Prioritäten klar definierst – Business, Familie, Gesundheit, persönliches Wachstum – kannst du dir nicht verhandelbare Zeiträume schaffen.
Das schützt dich vor Ablenkung und ermöglicht es dir, dich auf das zu konzentrieren, was wirklich zählt.

Einer der eindrucksvollsten Momente in unserem Gespräch war Brians Blick auf Erfolg.
Zu viele Menschen jagen einem äußeren Bild von Erfolg hinterher – Geld, Status, Luxus – ohne sich die wichtigste Frage zu stellen:

„Was bedeutet Erfolg eigentlich für MICH?"

Für manche ist es eine Villa mit Ferrari.
Für andere finanzielle Sicherheit, ein einfaches Zuhause und

Zeitfreiheit.

Für Brian ist es, mitten am Tag am Strand spazieren zu gehen – ohne ständig an sein Business gefesselt zu sein.

Deine Definition von Erfolg sollte allein dir gehören. Nicht Instagram. Nicht der Gesellschaft. Nicht dem Traum eines anderen. Brian ist überzeugt: In den nächsten zehn Jahren werden kleine Unternehmen den Markt dominieren. Große Konzerne werden zwar bleiben – doch die Macht wird sich auf die Unternehmer*innen und Solopreneure verlagern.

Und das ist eine gute Nachricht: Mehr gute Menschen mit Geld = mehr Gutes in der Welt. Kleine Unternehmen kennen reale Probleme – und können echte Lösungen schaffen. Lokale und Online-Unternehmer*innen werden weltweit für positive Veränderungen sorgen. Brians abschließender Impuls war kraftvoll: **„Finde, was dich zum Leuchten bringt. Richte dein Business genau danach aus. Wenn du das tust, kann dich nichts aufhalten."** Wenn du dich gerade überfordert, festgefahren oder orientierungslos fühlst – das ist dein Weckruf. Erfolg bedeutet nicht, härter zu arbeiten – sondern klüger. Mit den richtigen Menschen. Mit Klarheit. Und mit echtem Alignment. Jetzt bist du dran: Was ist eine Sache, die du noch heute abgeben oder automatisieren kannst, um wieder in Einklang zu kommen? Und vergiss nie: **Dein Netzwerk ist dein Nettowert.** Fang noch heute an, es bewusst zu gestalten.

Staffel 11, Episode 59, on-air seit 23. Februar 2025
aufgezeichnet 22.2.2025 Phoenix, AZ, US / Deutschland

Kontakt zu Brian: https://www.linkedin.com/in/brianpelam/

4.16 Marie Öholm – Authentisch, weiblich, frei!

„Hallo und willkommen, liebe Inspired Podcast Community. Dies ist eure neue Folge." Mit fester, freudiger Stimme eröffnete ich das heutige Gespräch – ein Gespräch, das mehr war als nur ein Interview. Heute hatte ich die Ehre, mit Marie Öholm zu sprechen – einer Frau, deren Weg von zerstörerischem Workaholismus hin zur kraftvollen Entfaltung ihrer weiblichen Energie so inspirierend wie authentisch ist. Maries Geschichte ist die eines radikalen Erwachens. Einst gefangen in einem Kreislauf aus Überarbeitung und einem toxischen Mix aus männlicher und weiblicher Energie, beschrieb sie einen Moment tiefster Klarheit – ein Moment, in dem sich, wie sie eindrücklich schilderte, ein ganzes Leben unterdrückter Emotionen entlud – wie eine bittere, ungesüßte Cola, die explodiert. Schmerzhaft, ja – aber auch befreiend. Es war der Anfang ihrer Transformation. Von da an ließ sie sich nicht mehr durch Kontrolle, Wut oder das permanente Bedürfnis, es allen recht zu machen, definieren. Stattdessen entschied sie sich dafür, ihre Verletzlichkeit und Echtheit zu ehren. Ihr Weg bedeutete nicht nur, die Vergangenheit loszulassen – sondern vor allem, ihren inneren Wert zurückzuerobern. Wie sie selbst sagte: „Ich lebte in einer Co-Abhängigkeit, gefangen in einem Kreislauf toxischer Energien. Doch vor vier Jahren bin ich aufgewacht und habe erkannt: Alles, was ich brauche, steckt längst in mir."
Dieser kraftvolle Wandel führte sie zu dem, was sie heute als ihre „Queen Formation" bezeichnet – eine Lebensweise, die alle Facetten des eigenen Seins feiert. Im Gespräch betonte Marie immer wieder die Bedeutung von Verbindung – mit sich selbst und mit anderen. Eine ihrer größten Stärken ist ihre Fähigkeit, wirklich zuzuhören. In jeder Begegnung schafft sie einen sicheren Raum, in dem Verletzlichkeit auf Mitgefühl und Klarheit trifft. „Ich möchte so authentisch wie möglich sein", sagte sie und machte damit deutlich, dass es ihr nicht darum geht, eine perfekte Fassade zu zeigen, sondern das Leben in all seiner Unvollkommenheit zu umarmen.

Sie erzählte von kleinen Alltagsmomenten, die ihr Inspiration schenken. Ein Lächeln mit der Reinigungskraft am Flughafen, ein freundliches Wort mit einem Fremden – für Marie sind es diese scheinbar unscheinbaren Begegnungen, die wahre Verbindung schaffen. Sie erinnern uns daran, dass jeder Mensch eine Geschichte hat – und dass unser gemeinsames Menschsein voller Gelegenheiten steckt, zu wachsen, zu lernen und Freude zu finden. Als es um ihre Zukunftsziele ging, wurde deutlich, wie pragmatisch sie ihre Visionen lebt. Für das Jahr 2025 hat sie sich konkrete Ziele gesetzt: Sie möchte 150 Frauen auf ihrer Reise begleiten – mit ihrem neuen Signature-Programm, das auf tiefgreifender Transformation basiert. Es ist ein Ziel, das direkt aus ihrem eigenen Wachstum geboren wurde – ein Geschenk, das sie weitergeben möchte. Ihr Prinzip dabei ist einfach und tiefgründig zugleich: „Jede Entscheidung, jeder Schritt, muss meinem wahren Selbst dienen. Ich frage mich bei allem: Führt mich diese Wahl näher zu meiner Mission – oder hält sie mich im Alten fest?" Diese Klarheit, so erklärt sie, ist der Schlüssel dafür, auch in stürmischen Zeiten weiterzugehen.

Was Marie wirklich einzigartig macht, ist ihr kompromissloses Bekenntnis zur Authentizität. In einer Welt, die Perfektion oft mit Stärke verwechselt, entscheidet sie sich bewusst dafür, die Wahrheit hinter der Fassade zu zeigen. „Ich habe auch Tage, an denen ich nicht bei 100 % bin – an denen ich die Last eines Virus spüre oder von Verletzlichkeit überwältigt bin. Aber das bin trotzdem ich." Für Marie ist Authentizität die Grundlage echter Kraft. Es geht darum, die Schichten gesellschaftlicher Erwartungen abzulegen – und dem wahren Selbst Raum zu geben.

Ihr Ansatz ist eine erfrischende Erinnerung daran, dass Inspiration nicht durch Makellosigkeit entsteht. Sondern durch echte Verbindung. Durch das Teilen unserer Herausforderungen, unserer Siege – und all dem Chaos dazwischen. Wie Marie es ausdrückte: „In jeder von uns lebt eine Königin, die nur darauf wartet, erkannt und gefeiert zu werden. Meine Mission ist es, jeder Frau zu helfen, genau diese Wahrheit zu entdecken."

Unser Gespräch endete mit einem Gedanken, der mich tief berührte – einem Appell an unser Selbstwertgefühl. Marie teilte eines ihrer Lieblingszitate von Brené Brown: „Warum kämpfen wir so sehr für unsere Würdigkeit, wenn wir sie doch einfach beanspruchen können?" Es ist ein Aufruf an jede Zuhörerin, das Vertrauen in sich selbst zu verdoppeln – und zu erkennen, dass unsere Grenzen oft nur in unserem Kopf existieren. „Dein Gefühl von Würdigkeit ist die Decke deiner Lebenserfahrung. Wenn du es beanspruchst, verändert sich deine Welt."

Als ich das Interview abschloss, wurde mir klar: Maries Geschichte ist mehr als ihr eigener Weg – sie ist ein Leuchtfeuer für alle, die bereit sind, sich aus limitierenden Überzeugungen zu befreien und ihr wahres Ich in seiner ganzen Schönheit zu leben.
In jedem ihrer Worte lag ein zukunftsweisendes Versprechen: Wenn wir den Mut haben, echt zu sein, können wir alle zur Königin unseres eigenen Lebens werden.

Also, liebe Inspired Podcast Community – wenn ihr über unser heutiges Gespräch nachdenkt, dann schaut nach innen. Erkenne die Königin in dir – und wisse: Jeder kleine Akt der Selbstliebe, jede ehrliche Entscheidung ist ein Schritt hin zu einem kraftvolleren Morgen.

Staffel 5, Episode 41, on-air seit 13. Juni 2024
aufgezeichnet am 8.4.2024 Schweden / Bayern, Deutschland

Kontakt zu Marie: https://www.linkedin.com/in/marie-öholm-15243113/
Marie's YouTube Kanal: https://www.youtube.com/@queenformations

4.17 Norman Gräter – Sei du selbst!

Vom ersten Moment an, als ich mit Norman Gräter zusammensaß, wusste ich: Dieses Gespräch würde anders sein. Norman ist nicht einfach nur ein Speaker oder Autor – er ist eine Naturgewalt, die Verkörperung von Inspiration. Als er sich selbst als „der Inspirator" vorstellte, war das nicht bloß ein Titel, sondern ein Ausdruck seiner Berufung. Seine Energie, seine Leidenschaft und sein tiefes Vertrauen in persönliche Transformation gaben dem Gespräch eine elektrisierende Intensität. Und je länger wir sprachen, desto klarer wurde: Norman lehrt nicht nur persönliches Wachstum – er lebt es. Unsere gemeinsame Reise begann auf die wohl schönste Art – durch Zufall, Intuition und digitale Begegnungen: über Clubhouse, TikTok und eine englische Lesegruppe. Wir trafen uns persönlich in Ottawa, Amsterdam und sogar auf einem Kreuzfahrtschiff – und doch fühlte sich jedes Treffen an wie ein weiteres Kapitel einer größeren Geschichte von Verbindung und Synchronizität. Normans Liebe zu Büchern und zum Lernen – besonders zu den Lehren von Neville Goddard und David Hawkins – offenbarte seine unersättliche Neugier. Nicht einfach, um mehr zu wissen, sondern um mehr zu *sein*. Er sprach davon, Bücher immer wieder zu lesen und jedes Mal „neue" Weisheiten zu entdecken – nicht, weil sich der Text geändert hätte, sondern weil *er* sich verändert hatte. Allein diese Erkenntnis spricht Bände über seine persönliche Entwicklung.

Normans Weg ist geprägt von kontinuierlicher Entwicklung. Von den Einflüssen großer Namen wie Tony Robbins, Esther Hicks und Joe Dispenza inspiriert, hat er sich von der kommerziellen Persönlichkeitsentwicklung hin zu einer tieferen spirituellen Dimension bewegt. Doch was mich am meisten beeindruckt hat, war die Art, wie er andere inspiriert. Als ich ihn fragte, wie er das macht, war seine Antwort wunderbar schlicht: Er hört zu, er reflektiert – und er folgt seiner Intuition. Ob durch Keynotes, Bücher oder seine charakteristische Sicht durch „blaue Brillen" – Norman lädt Menschen dazu ein, das Leben durch eine Linse voller Freude, Möglichkeiten und Sinn zu betrachten.

Eines seiner größten Talente, erzählte er, sei es, eine Geschichte so zu verfeinern, dass sie wirklich das Herz der Menschen erreicht. Er erzählt nicht einfach Geschichten – er emotionalisiert sie. Seine Worte bewegen nicht nur, sie berühren tief. Das ist sein Zauber. Als er davon sprach, wie er anderen hilft, wirkungsvolle Vorträge zu gestalten, wurde mir klar: Bei Norman geht es nicht bloß um Inhalte – es geht um Transformation. Und das ist keine leere Floskel. Ich habe ihn auf der Bühne erlebt – live – wie seine Präsenz, Energie und Erzählkunst Momente erschaffen, die Menschen zu Tränen rühren: Tränen der Erkenntnis, der Erlösung und manchmal der puren Freude.

Doch Norman belässt es nicht beim Reden. Sein neuestes Projekt? Ein Film über sein Leben: *I Am Gräter*. Bereits von Branchengrößen unterstützt. Er träumt nicht nur von Einfluss – er *lebt* ihn. Sein unerschütterlicher Glaube an seine Vision ist an sich schon eine Lektion: Wenn du deine Größe annimmst, antwortet dir die Welt.

Normans letzte Botschaft an uns war ein ebenso einfacher wie tiefgreifender Reminder:
„Du musst keine Kopie sein. Sei du selbst, sei echt – und du wirst größer."
In einer Welt, die uns oft dazu drängt, uns anzupassen, ist seine Botschaft ein Aufruf zum Heraustreten – nicht durch Lautstärke, sondern durch Echtheit. Und genau das ist es, was Norman Gräter so tiefgehend inspirierend macht.

Staffel 1, Episode 21, on-air seit 18. Dezember 2023
aufgezeichnet am 18.12.23 Berlin, Deutschland / Echo Park, Los Angeles, USA

Kontakt zu Norman:
https://beyourself-academy.com/en/home/

4.18 Denise Brown`s Weg zur inneren Freiheit

Ein Gespräch mit Dr. Denise Brown zu führen, war eine zutiefst transformierende Erfahrung, die meine Sicht auf Möglichkeiten und persönliche Kraft nachhaltig verändert hat. Von der ersten Minute an war klar: Denise bringt eine Authentizität und einen Humor mit, die jedes Gespräch zu etwas Besonderem machen. Als sie über das toxische Wort „sollte" sprach, erklärte sie, wie sehr es uns mit äußerem Urteil belastet und dazu bringt, unsere eigenen Entscheidungen zu hinterfragen. Statt im „sollte" gefangen zu bleiben, ermutigte sie uns, uns zu fragen, was wir „könnten" – was wir wirklich wollen. Ob es sich um den Beruf handelt, den wir ausüben, die Liebe, die wir verdienen, oder das Leben, das wir anstreben – ihre Botschaft war klar und revolutionär: Befreie dich von den Begrenzungen durch Erwartungen, und öffne dir den Raum für ein Leben nach deinen eigenen Vorstellungen.

Denises eigener Weg ist so beeindruckend wie ihre Einsichten. Als Ärztin mit Stanford-Ausbildung, erfolgreiche Führungskraft und liebevolle Mutter wird sie nicht ohne Grund „Fairy God Doctor" genannt – eine Mischung aus Fachwissen und Herzenswärme. Sie erzählte, wie sie über die Jahre eine besondere Verbindung zu jungen Frauen aufbaute, die sie liebevoll ihre „Fairy Goddaughters" nennt. Mit ihnen sprach sie offen über das Spannungsfeld zwischen beruflichem Erfolg und einem erfüllten Privatleben – ein Thema, das Frauen in allen Altersstufen beschäftigt.

Ein besonders berührender Moment war Denises Erzählung vom plötzlichen Verlust ihrer Mutter im Alter von 24 Jahren. Dieser Schicksalsschlag erschütterte sie tief – und wurde gleichzeitig zur Initialzündung für einen mutigen, selbstbestimmten Lebensweg. Aus dem Schmerz wuchs Klarheit: Das Leben ist zu kurz, um sich ständig nach den Erwartungen anderer zu richten. Statt sich von der Angst vor dem Scheitern lähmen zu lassen, traf sie mutige Entscheidungen, auch wenn sie unkonventionell waren. „Das Schlimmste, was dir je passiert ist, entpuppt sich oft als großes

Geschenk", sagte sie – und brachte damit ihre Philosophie auf den Punkt.

Denise versteht Entscheidungen nicht als endgültige Weggabelungen, sondern als flexible Entwicklung. Basierend auf ihrer Erfahrung als Ärztin erklärte sie, dass gute Entscheidungen auf dem aktuellen Wissensstand basieren – und dass es völlig in Ordnung ist, sie später zu korrigieren. „Du triffst die beste Entscheidung, die du in dem Moment treffen kannst, und wenn du mehr weißt, handelst du anders." Dieser Ansatz nimmt dem Entscheidungsdruck seine Schwere und erlaubt es, das Leben dynamisch und angstfrei zu gestalten.

Einer der denkwürdigsten Abschnitte war die Anekdote über Miss R – eine Freundin, die in destruktiven Beziehungszyklen gefangen war. Bei einem Yoga-Retreat bekam sie unerwartet einen Blumenstrauß – ein einfacher, liebevoller Akt. Denise nannte sie augenzwinkernd die „F...-mich-Blumen", als humorvolle Erinnerung: Wenn du echte Zuneigung nicht zu schätzen weißt, bekommst du vielleicht gar nichts. Mit Humor und Empathie schaffte Denise es, Miss R zum Umdenken zu bewegen. Diese Geschichte zeigt, wie kraftvoll Denise mit Leichtigkeit tiefe Themen ansprechen kann.

Im ganzen Gespräch wurde deutlich: Für Denise geht es nicht nur um Erfolg – sondern um ein bewusst gestaltetes Leben. Jeder Moment zählt. Ihre Botschaft: Triff mutige Entscheidungen, wähle deine Worte mit Bedacht und erkenne, dass fast jede Entscheidung umkehrbar ist – außer den Momenten, die uns wirklich formen. Das nimmt die Angst vor Fehlern und öffnet den Blick für das Mögliche.

Zum Abschluss sprach Denise über ihre Vision: eine Welt, in der Menschen mutig wählen, echte Verbindungen leben und Erfolg nicht nach äußeren Maßstäben, sondern nach innerer Erfüllung gemessen wird. Sie berichtete von ihrer Arbeit als Mentorin für Gründer:innen und CEOs – und von ihrem tiefen Wunsch, ihre Fairy Goddaughters in einer komplexen Welt zu begleiten. Ihre Vision ist geprägt von Inklusivität, Resilienz und einem unerschütterlichen Fokus auf das, was wirklich zählt.

Dieses Gespräch war mehr als ein Interview – es war eine Mischung aus Lachen, Tiefgang und umsetzbaren Impulsen. Denise hat mir erneut gezeigt, dass Sprache nicht nur Ausdruck ist – sondern Gestaltungskraft.

Staffel 12, Episode 55, on-air 4/5/2025

aufgezeichnet 2/24/2025 Austin, TX, US / Bayern, Deutschland

Kontakt zu Dr. Denise: https://www.denisesbrownmd.com/

Denise's Buch The Fairy's God Doctor's Guide to a good Life: https://amzn.to/4cqqwww

5. WERDE DER TRAUM-GAST FÜR JEDEN PODCAST

Ein Podcast-Gast zu sein bedeutet weit mehr, als einfach nur aufzutauchen – es geht darum, einen bleibenden Eindruck zu hinterlassen und echten Mehrwert für Host und Publikum zu schaffen. Nach über 700 Interviews in nur 14 Monaten weiß ich genau, was außergewöhnliche Gäste ausmacht: Sie bringen Authentizität, echtes Interesse und Großzügigkeit mit – statt bloßer Selbstvermarktung.

Was macht einen großartigen Gast aus? Vorbereitung, Pünktlichkeit und echtes Engagement. Nimm dir vor dem Interview Zeit für:

1. **Podcast-Recherche** – Höre dir mindestens ein bis zwei Episoden an, um den Stil und das Publikum des Hosts zu verstehen.
2. **Host auf Social Media folgen** – Reagiere auf Beiträge, teile Inhalte, lerne die Botschaft kennen.
3. **Wertvollen Input liefern** – Ein E-Book oder eine hilfreiche Ressource vorab senden kann dem Host helfen, bessere Fragen zu stellen und den Mehrwert für die Hörer:innen erhöhen.

Das Wichtigste: Überlege dir, **was du geben kannst**, bevor du etwas erwartest. Wer mit dieser Haltung in ein Gespräch geht, sticht sofort positiv hervor.

Deine Energie bestimmt den Ton des Gesprächs. Die besten Gäste:

- **Stellen selbst Fragen** – und zeigen Interesse am Host und seiner Vision.
- **Antworten prägnant und klar** – keine endlosen Monologe.
- **Sprechen mit Begeisterung** – das hält die Zuhörer:innen bei der Stange.

Nach dem Interview beginnt die eigentliche Wirkung. Du bleibst in Erinnerung, wenn du:

- **Dich bedankst** – ein kurzes Dankeschön per Mail oder DM reicht oft schon.
- **Die Episode teilst** – auf allen Kanälen und mit Verlinkung zum Host.
- **Den Host weiterempfiehlst** – kennst du passende Gäste? Stell den Kontakt her.

Manche Gäste gehen sogar noch einen Schritt weiter: Handschriftliche Dankeskarten, signierte Bücher oder kleine Geschenke hinterlassen bleibenden Eindruck – und öffnen Türen für künftige Kooperationen.

Ein echter Traumgast sein heißt nicht, sich selbst zu verkaufen – sondern **Beziehungen aufzubauen**. Wer Wert stiftet, sich engagiert und großzügig gibt, fällt positiv auf – auch in einem vollen Markt.

Und nie vergessen: **Geben ist Empfangen.** Wer im Stillen gibt, wird vielfach beschenkt zurück.

6. ECHTES MITEINANDER STATT ONE-TIME-SHOW

Ein Podcast-Interview ist nicht nur eine einmalige Gelegenheit – es ist der Beginn einer potenziellen, langfristigen Beziehung. Einige meiner besten Kooperationen sind mit Gästen entstanden, die ihr Interview nicht nur als Promotion-Chance, sondern als echten Austausch auf Augenhöhe betrachtet haben.

Eine der wirkungsvollsten Arten, Vertrauen aufzubauen, ist es, zuerst etwas zu geben, bevor man etwas erwartet. Das kann zum Beispiel sein:

• Eine begeisterte Bewertung des Podcasts auf Apple Podcasts, Spotify, PodMatch, GoodPods oder Podchaser.
• Eine Empfehlung oder ein Endorsement auf LinkedIn, wenn ihr euch auch beruflich verbunden habt.
• Ein Social-Media-Shoutout – nicht nur für die eigene Episode, sondern für den gesamten Podcast.

Ein Gast sagte mir einmal: „Wenn Hörer:innen über diese Folge meinen Service buchen und dabei einen Code nutzen, teile ich einen Prozentsatz mit dir." Das war ein Zeichen von Wertschätzung für die Plattform – und hat den Austausch noch wertvoller gemacht.

Eine gute Beziehung endet nicht nach der Ausstrahlung der Episode. Halte die Verbindung lebendig, indem du:

• Regelmäßig mit den Inhalten des Hosts interagierst.
• Sie auf deine eigene Plattform einlädst – sei es ein anderer Podcast, ein Event oder ein Live-Format.
• Hin und wieder nachfragst – ein einfaches „Hey, wie läuft's bei dir?" wirkt oft Wunder.

Ein Gast schlug einmal ein beidseitiges Feedback-Gespräch vor, in dem wir uns offen darüber austauschten, was gut lief und was wir beim nächsten Mal verbessern könnten. Das hat unsere Verbindung vertieft und Folgeinterviews deutlich bereichert.

Wenn du jede Podcast-Einladung als Tür zu einem größeren Netzwerk betrachtest, ergeben sich unzählige neue Möglichkeiten.

Ich biete außerdem allen meinen Gästen die Möglichkeit, nach einem Jahr für eine weitere Episode zurückzukehren. Das schafft Verbindlichkeit, hält die Beziehung frisch und erlaubt uns, gemeinsam nachzuvollziehen, welche Ziele sie seit ihrem ersten Auftritt erreicht haben.

Wenn du bereits Gast warst – oder gern mein nächster inspirierter Interviewpartner oder meine nächste Interviewpartnerin sein möchtest – melde dich gerne bei mir! Mein Lieblingsportal zur Gästevernetzung ist PodMatch.

7. DIALOG STATT MONOLOG

Großartige Podcast-Gespräche fühlen sich nicht wie Interviews an – sie wirken wie mühelose, fesselnde Dialoge. Doch eine Unterhaltung zu führen, die das Publikum wirklich begeistert, erfordert mehr als nur das Beantworten von Fragen.

Einige der besten Gäste stellen dem Host selbst Fragen zurück. Dadurch verändert sich die Dynamik: Aus einem klassischen Interview wird ein echtes Gespräch. Statt einfach nur zu antworten, probiere zum Beispiel:
- „Das ist eine interessante Frage. Was denkst du darüber?"
- „Du hast ja schon viele Gäste interviewt – hatte jemand mal eine ähnliche Erfahrung?"
- „Bevor wir weitermachen – ist dieses Thema schon mal in einer Folge aufgetaucht?"

Das sorgt für eine lebendigere Unterhaltung und bindet auch den Host stärker mit ein.

Hörende merken sofort, ob ein Gast wirklich zuhört – oder nur darauf wartet, selbst wieder reden zu dürfen. Die besten Gäste praktizieren aktives Zuhören. So geht's:

1. Reagiere auf das, was der Host sagt – Greife Gedanken auf, anstatt sofort zum nächsten Punkt zu springen.
2. Mach eine kurze Pause vor deiner Antwort – So vermeidest du gehetzte, auswendig gelernte Aussagen und schaffst Raum für echte Tiefe.
3. Setze auf Storytelling statt auf Fakten – Menschen verbinden sich stärker mit persönlichen Geschichten als mit Zahlen und Statistiken.

Ein gutes Gespräch lebt nicht davon, wie viel du sagst – sondern davon, wie gut du dich mit Host und Publikum verbindest. Ein Traumpodcastgast zu sein bedeutet, einen bedeutsamen Austausch zu führen – nicht einfach nur vorbereitete Sätze abzuliefern. Es geht darum, wirklich zuzuhören, überlegt zu antworten und sicherzustellen, dass deine Botschaft auch wirklich ankommt.

Statt zu versuchen, möglichst viel zu sagen, richte deinen Fokus auf echte Verbindung. Das bedeutet: im Moment präsent sein, authentisch antworten und sich in Energie und Tonlage auf das Gespräch einlassen. Die besten Podcast-Interviews fühlen sich an wie ein natürlicher Dialog, in dem sowohl der Host als auch der Gast zu einer spannenden Unterhaltung beitragen, die das Publikum in ihren Bann zieht.

Eine starke Verbindung zum Host verbessert den Gesprächsfluss und macht das Ganze nicht nur angenehmer, sondern auch gehaltvoller. Genauso wichtig ist die Verbindung zum Publikum – das heißt, ihre Interessen zu verstehen und echten Mehrwert zu bieten: durch persönliche Erfahrungen, umsetzbare Impulse oder neue Perspektiven.

Die unvergesslichsten Gäste hinterlassen Eindruck – nicht weil sie am meisten reden, sondern weil sie etwas sagen, das wirklich Bedeutung hat.

8. AUTHENTIZITÄT – DER MAGISCHE FUNKE

Wenn ein Gast echt, leidenschaftlich und präsent ist, berührt das sowohl den Host als auch das Publikum. Viele Gäste glauben, sie müssten perfekte Antworten liefern. Doch in Wahrheit machen gerade die kleinen Makel dich nahbar und sympathisch. Wenn du:
• über ein Wort stolperst – lach drüber und mach einfach weiter.
• einen Moment zum Nachdenken brauchst – atme tief durch, denn Stille verleiht deinen Worten Gewicht.
• eine Frage nicht beantworten kannst – sei ehrlich und sag: „Das ist eine großartige Frage – so habe ich noch nie darüber nachgedacht."

Das Publikum verbindet sich mit echten Menschen, nicht mit auswendig gelernten Robotern.

Wenn du Begeisterung, Herzlichkeit und Offenheit mitbringst, hebt das das Gespräch auf ein neues Level. Hier ein paar Tipps, um präsenter zu wirken:
• Lächle beim Sprechen – ja, auch bei Audio-Interviews. Deine Stimme klingt automatisch einladender.
• Nutze Storytelling – Fakten informieren, Geschichten berühren.
• Sei wirklich da – schalte alle Ablenkungen aus und tauche voll in das Gespräch ein.

Doch deine Authentizität sollte nicht mit dem Interview enden. Zeigt sich das, was du im Podcast gesagt hast, auch in deinem Online-Auftritt?
Wenn du von deiner Leidenschaft für Leadership gesprochen hast – spiegelt sich das in deinen LinkedIn-Posts?
Wenn du über Gemeinschaft gesprochen hast – engagierst du dich auch wirklich in deiner Community, etwa auf Social Media?

In einer Welt voller Hochglanzbotschaften und perfekt einstudierter Pitches sticht echte Echtheit hervor. Wenn du konsequent du selbst bist, baust du Vertrauen auf – bei deinem Publikum und beim Host. Zuhörer spüren sofort, ob jemand wirklich meint, was er sagt, oder nur das wiedergibt, was er glaubt, sagen zu müssen.

Wenn du aufrichtig bist, schaffst du einen bleibenden Eindruck, der weit über die Podcast-Folge hinaus wirkt. Die Menschen erinnern sich nicht nur daran, *was* du gesagt hast, sondern *wie du sie hast fühlen lassen*. Wenn du persönliche Geschichten teilst, ehrlich bist und aus tiefem Herzen sprichst, entsteht echte Verbindung. Und diese Verbindung wird zu langfristigen Beziehungen – mit potenziellen Kund:innen, Partner:innen oder weiteren Podcast-Einladungen.

Wenn du auf verschiedenen Plattformen immer wieder dieselbe authentische Botschaft teilst, entsteht Vertrauen. Dieses Vertrauen führt zu neuen Chancen, nachhaltigem Wachstum und echter Wirkung.
Echt zu sein, bedeutet nicht einfach nur gut in einem Podcast rüberzukommen – es heißt, mit deiner Stimme und Präsenz so aufzutreten, dass es zu deinen Werten passt und einen bleibenden Eindruck hinterlässt.

9. NUTZE DIE KRAFT DEINER AUFTRITTE

Deine Podcast-Auftritte für Wachstum zu nutzen bedeutet mehr, als nur aufzutauchen und ein gutes Gespräch zu führen. Ein einziges Interview hat das Potenzial, deine persönliche Marke zu stärken, deine Reichweite zu vergrößern und neue Chancen zu eröffnen – aber nur, wenn du gezielt Schritte unternimmst, um den größtmöglichen Effekt zu erzielen. Zu viele Gäste behandeln einen Podcast-Auftritt als einmaliges Ereignis, dabei kann er zu einem langfristigen Asset für dein Business und deine Marke werden. Durch die Wiederverwertung deines Inhalts, gezielte Interaktion mit dem Publikum, das Messen der Wirkung und den Aufbau echter Beziehungen kannst du aus einem einzigen Auftritt viele Berührungspunkte machen, die weit über das Erscheinungsdatum hinaus für dich arbeiten.

Einer der größten Fehler von Podcast-Gästen ist, den Interviewinhalt nach der Veröffentlichung nicht weiter zu nutzen. Statt die Folge nur einmal zu teilen, solltest du sie auf verschiedenen Plattformen in unterschiedlichen Formaten verbreiten, um ihre Lebensdauer zu verlängern. Wurde die Folge per Video aufgezeichnet, kannst du kurze Clips oder Audiograms für Social Media erstellen. Hebe zentrale Aussagen in LinkedIn-Posts, Instagram-Karussells, Facebook-Reels oder Twitter/X-Threads hervor. Schreibe einen Blogartikel, der die Hauptpunkte zusammenfasst, die Themen vertieft und zur vollständigen Folge verlinkt. Versende eine E-Mail an deine Liste mit Highlights des Gesprächs und dem Link zur Folge. Binde die Episode auf deiner Website ein – entweder im Bereich „Medien" oder als Blogbeitrag. Wenn du regelmäßig in Podcasts zu Gast bist, erstelle einen „Featured In"-Abschnitt, in dem Besucher all deine Interviews auf einen Blick finden. Selbst kleine Maßnahmen wie das Hinzufügen des Podcast-Links zu deiner E-Mail-Signatur können deine Sichtbarkeit erhöhen. Ziel ist es, aus einer Folge mehrere Content-Formate zu machen, die unterschiedliche Teile deiner Zielgruppe auf verschiedenen Wegen erreichen.

Ebenso wichtig wie das Teilen der Folge ist die Interaktion mit dem Publikum. Podcast-Hörer sind oft daran interessiert, mehr über Gäste zu erfahren, die sie spannend finden – sei also aktiv. Reagiere auf Kommentare unter den Social-Media-Posts des Hosts zu deiner Folge. Wenn Hörer dir Feedback schicken, antworte darauf und beginne ein Gespräch. Teile die Episode auf deinen eigenen Kanälen und lade dein Publikum dazu ein, mitzudiskutieren, indem du Fragen stellst wie: „Was war euer größter Aha-Moment?" Veranstalte eine Live-Q&A-Session auf Instagram, LinkedIn oder Facebook, um tiefer auf bestimmte Themen einzugehen. Trete relevanten Facebook- oder LinkedIn-Gruppen bei, in denen sich das Podcast-Publikum bewegt, und beteilige dich an Diskussionen in deinem Fachgebiet. Engagement schafft Vertrauen und sorgt dafür, dass du bei potenziellen Kund:innen, Partner:innen oder Followern im Gedächtnis bleibst.

Wenn du die Wirkung deiner Podcast-Auftritte misst, kannst du deine Strategie optimieren und dich auf Chancen konzentrieren, die echte Ergebnisse bringen. Beobachte den Traffic auf deiner Website, um zu sehen, ob es nach der Veröffentlichung der Folge Ausschläge gibt. Wenn du ein Produkt oder eine Dienstleistung bewirbst, nutze einen speziellen Rabattcode oder eine eigene Landingpage für jede Podcast-Folge, um Conversions nachzuverfolgen. Frage neue Kund:innen oder Newsletter-Abonnent:innen, wie sie auf dich aufmerksam wurden. Wenn bestimmte Interviews besonders viel Resonanz erzeugen, suche gezielt nach ähnlichen Formaten. Läuft eine Folge sehr gut, erwäge ein Folgeinterview oder ein Deep Dive zu einem Schwerpunktthema. Die Analyse dieser Kennzahlen hilft dir dabei zu erkennen, welche Auftritte den besten Return-on-Investment bringen – und wie du deine zukünftigen Chancen noch besser nutzen kannst.

Einer der größten Vorteile von Podcast-Gastauftritten ist das Potenzial für weitere Gelegenheiten, die über das Interview hinausgehen. Wenn du eine echte Beziehung zum Host aufbaust, kann dein Auftritt zu weiteren Einladungen, Speaking Opportunities, Partnerschaften und mehr führen. Bedanke dich nach der Veröffentlichung persönlich beim Host und halte die

Verbindung warm. Biete an, sie oder ihn mit potenziellen Gästen zu vernetzen oder selbst als Gast auf deinem eigenen Podcast, Blog oder Event einzuladen – sofern du eine eigene Plattform hast. Reagiere auf ihre Inhalte, bleib in Kontakt, halte das Gespräch am Laufen. Die besten Netzwerke entstehen, wenn Gäste sich Zeit nehmen, Beziehungen zu pflegen – statt einfach zur nächsten Show zu springen.

Mit einer gut durchdachten Strategie kannst du Podcast-Auftritte auch direkt monetarisieren. Wenn dein Ziel Wachstum im Business ist, sollte jedes Interview zu greifbaren Ergebnissen führen. Biete eine kostenlose Ressource oder einen Lead Magnet an, um E-Mail-Abonnent:innen zu gewinnen. Nenne einen exklusiven Rabattcode für Hörer:innen, die mit dir arbeiten möchten. Erwähne Produkte, Kurse oder Dienstleistungen – aber auf natürliche Art, nicht verkäuferisch. Nutze Storytelling, um zu zeigen, welchen Wandel deine Angebote ermöglichen – statt nur Funktionen aufzuzählen. Reagiere auf Hörer:innen, die sich nach dem Interview melden. Monetarisierung bedeutet nicht, aggressiv zu verkaufen, sondern deinen Mehrwert so sichtbar zu machen, dass andere mehr erfahren möchten.

Die besten Podcast-Gäste verschwinden nicht nach dem Interview – sie holen das Maximum aus jedem Auftritt heraus: Sie verwerten Content weiter, interagieren mit dem Publikum, messen Ergebnisse und bauen langfristige Beziehungen auf. Mit etwas Einsatz kann ein einziger Podcast-Auftritt monatelang Wirkung zeigen – deine Marke stärken, dein Publikum erweitern und kontinuierlich neue Chancen schaffen. Deine Stimme hat Kraft – nutze jeden Podcast-Auftritt, damit sie für dich arbeitet.

10. BEMERKENSWERTE ZITATE AUS DEN INTERVIEWS

„Du kannst größer werden. Genieß einfach die Reise."
– Norman Gräter

„Eine Marke ist nicht nur das Logo; sie ist eine Erweiterung deiner selbst und wie du dich zeigst."
– Audrey Wiggins

„Lass nicht zu, dass deine Ausbildung deiner Bildung im Weg steht."
– John Taylor McEntire

„Dein Fokus bestimmt deine Realität."
– Autor Aaron Ryan

„Authentizität kommt beim Publikum an. Inhalte müssen ehrlich und transparent sein."
– Venchele Saint-Dic

„Ich denke, wenn man grundsätzlich ein guter Mensch ist, kann man andere inspirieren."
– Gillian Sneddon

„Frieden und Wertschätzung bedeuten, dass wir alle den gleichen Wert haben."
– Annette Dernick

„Die kleinste tägliche Veränderung summiert sich am Ende zu einem großen Ergebnis."
– Monique Schmitz

„Nimm dir Zeit für dich selbst. Hol dir deine Zeit zurück durch Automatisierung und Vereinfachung."
– Kimberly Laverdure

„Sexualität und Spiritualität sind ein und dasselbe."
– Lorna Gale

„Ich bin inspiriert, überall auf der Welt kleine Kreise zu schaffen, die letztlich den ganzen Globus zu einer höheren Schwingung inspirieren."
– Angela Sidlo

„Wir müssen jeden Menschen nach dem Wert behandeln, den er mitbringt – und jeder bringt einen Wert mit."
– John Verrico

„Vergebung erlaubt dir, der Mensch zu sein, der du immer schon sein solltest."
– Katharine Giovanni

„Das Schlimmste, das dir je passiert ist, entpuppt sich oft als großes Geschenk."
– Dr. Denise Brown

„Ich möchte mein wahres Ich sein – so verletzlich und authentisch, wie ich nur sein kann."
– Marie Öholm

„Je öfter du um Hilfe bittest und sie annimmst, wenn sie dir angeboten wird, desto besser wird es dir gehen."
– Brian Elam

„Hab keine Angst davor, andere Meinungen einzuholen und deinen eigenen Weg zu finden."
– Dr. Edward Feinberg

„Du musst geben, um zu empfangen. Wir müssen sein, um zu werden – und du musst Menschen dazu bringen, ihr Bestes zu geben."
– Liliana Cavaliere

11. DANKSAGUNG

Dieses Kapitel ist meiner tiefsten Dankbarkeit gewidmet – an alle, die Teil dieser Reise waren: die Gäste, Zuhörer*innen und Unterstützer*innen, die *The Inspired Choice* zu mehr als nur einem Podcast gemacht haben – nämlich zu einer kraftvollen Bewegung.

In nur 15 Monaten habe ich über 750 Interviews aufgenommen – jedes einzelne ein Zeugnis der beeindruckenden Geschichten, Einsichten und Weisheiten außergewöhnlicher Menschen.

An meine Gäste: Danke, dass Ihr erschienen seid, eure Ansichten geteilt und mit eurer Expertise und euren Erfahrungen unzählige andere inspiriert habt. Jeder Dialog war ein Geschenk – und gemeinsam haben wir etwas wirklich Bedeutungsvolles geschaffen. An alle Gäste, die sich für das Buchprojekt *The Inspired Choice Chronicles: Horizons Ahead* angemeldet haben – eure Entscheidung, ein Vermächtnis zu hinterlassen, berührt mich zutiefst. Ihr seid Teil von etwas Größerem – eine Welle der Inspiration, die noch lange nachhallen wird.

An meine Zuhörer*innen: Eure Unterstützung hat meine Ausdauer und Leidenschaft angefeuert. Zu wissen, dass diese Episoden euch ermutigt haben, eure eigene Reise zu starten, ist die größte Belohnung. Danke, dass Ihr da seid, zuhört und kommuniziert, wie dieser Podcast euch bewegt hat.

Diese Reise ist noch lange nicht zu Ende. Es wird weitere Episoden geben, weitere Geschichten – und weitere Leben, die sich verändern. Und für alle, die noch zögern, ihre eigene Podcast-Reise zu starten: Die Welt wartet auf deine Stimme. Danke, dass Ihr Teil dieser unglaublichen Erfahrung seid. Wir sehen uns im nächsten Kapitel – und im nächsten Buch.

12. ÜBER DIE AUTORIN

Caroline Biesalski ist eine visionäre Unternehmerin und Gastgeberin des international anerkannten Podcasts *The Inspired Choice*, der laut Listen Notes zu den Top 3 % weltweit zählt. Ihre persönliche Reise steht exemplarisch für die transformierende Kraft von Mut, Ausdauer und Intuition. Einst als schüchtern und introvertiert beschrieben, überwand Caroline soziale Ängste und Selbstzweifel – und erschuf eine Plattform, die weltweit Menschen dazu inspiriert, ihr volles Potenzial zu leben. Nach einer erfolgreichen Karriere in der Buchhaltung erinnerte sie sich an ihren Kindheitstraum, eine eigene Show zu moderieren. Dieser Wunsch, der tief in ihrer Liebe zu Geschichten und echter Verbindung verwurzelt ist, wurde mit dem Start ihres Podcasts Wirklichkeit. Seitdem hat Caroline Hunderte von Gästen interviewt und durch ihre Gespräche tausende Zuhörer dazu ermutigt, mutige und sinnvolle Entscheidungen zu treffen. Als *Inspired Choice Mentor* unterstützt sie Einzelpersonen und Teams dabei, selbstlimitierende Überzeugungen zu transformieren, sich mit ihrem authentischen Selbst zu verbinden und konkrete Schritte in Richtung ihrer Vision zu gehen. Ihr einzigartiger Ansatz verbindet praktische Tools mit intuitiver Klarheit – und berührt Menschen auf tiefer Ebene. Caroline lässt sich dabei u. a. von Bob Proctors *Thinking into Results*, Napoleon Hills *Laws of Success* sowie ihren eigenen Erfahrungen leiten. Ihre Fähigkeit, sich echt, offen und kraftvoll mit Menschen verschiedenster Hintergründe zu verbinden, macht sie zu einer gefragten Mentorin, Coachin und Podcast-Host. Heute inspiriert Caroline durch ihre Gespräche, Coachings und Texte. Ihre Mission ist klar: Menschen dazu ermutigen, die Kraft ihrer Entscheidungen zu erkennen, ihre Einzigartigkeit zu feiern – und ein Leben voller Sinn zu gestalten.

Denn jede große Reise beginnt mit einer inspirierten Entscheidung.

The best is yet to come – fang heute an.

DU HAST DIE WAHL

Authentische Geschichten, überraschende Lektionen und praktische Impulse für Podcast- und Business-Starter – damit du kraftvolle Entscheidungen für dein persönliches und berufliches Leben treffen kannst.

Höre den Inspired Choice Podcast hier:

www.podcast.inspiredchoice.today

Wähle deine Plattform: Apple Podcasts, Spotify, YouTube

Nutze den AI Chat um Antworten über Gäste und Themen zu erhalten.

Bewirb dich, um mein nächster, inspirierender Gast zu sein:

https://www.podmatch.com/hostdetailpreview/inspiredchoice

oder sende eine E-Mail an interview@inspiredchoice.today

für Anfragen, Feedback oder weitere Informationen zum *THE INSPIRED CHOICE* Mentoring mit Caroline Biesalski

Wir sehen uns im nächsten aufregenden Kapitel deines Lebens!

Herzlichst,
Caroline Biesalski
Inspired Choice Mentorin & Podcast-Host